# 연극 수업 강의개요 (3차시 분량) 드래곤 호의 모험과 즉흥극 연결

| 제목 | 내용 | 료 | 비고 |
|---|---|---|---|
| 인사 | | | |
| 인트로<br>왜 연극인가? | | ppt | |
| 드래곤 호의<br>모험 | ·제물 바치기<br>·신기한 능력<br>·마법사는 누구?<br>·미션 이행<br><미션1> 백 마법사/흑마법<br>사<br>흥미↑ | 쪽지<br>A4 종이 떠<br>색종이 | 2팀으로 나눌<br>경우 캡틴<br>뽑기<br>캡틴을 얻어<br>방속 버튼 |
| 마법사 놀이 | 패러다임을 깨라<br>우리 시대의 마법사는 누<br>구인가?<br>모두 드래곤 라이더가 되<br>어 흑 마법사의 주술을 백<br>마법사로 바꾸라. | 각자의<br>능력을<br>하나의<br>형상으로<br>합체 | 입체적인<br>사진이<br>만들어지도록<br>함 |
| 차시 예고 | 마법사의 | 낭해 측을 | 도약 예상 |
| 지난 시간 백업 | 각팀별 합체 동작 보여주<br>기 | 이미지 내용 | 사진 1장씩<br>찍는다 |
| 간단한 연극<br>만들기 와 공연 | 각 팀별로 공연과 관람 | A4용지 메모 | 각 팀의<br>드라마<br>연출가<br>정하기 |
| | 예비텍스트 소개<br>즉흥극 만들기<br>따블로 만들기 | tableau 의 미학<br>반드시 사진으로 | |
| 피드백과 질문 | | | |

| 5 | 이런 시간의 미션 | 지난 두 주간의 이야기로 즉흥극 만들기 | | 각종 |
|---|---|---|---|---|
| 30 | 즉흥극 소개 | 즉흥극과 관객 참여 활동 | | |
| 10 | 피드백과 질문 차시예고 | 참여의 의미에 대하여 | | 공 |

## 진로교육 - 꿈을 위한 퍼포먼스

| 내용 | 준비물 |
|---|---|
| '진로' 혹은 '꿈'에 대한 개념도(혹은 마인드 맵) 그리기<br>시간이 남으면 발표를 하도록 해도 된다. | A4용지(인원 수 만큼) |
| 4~5개의 모둠으로 나눈다.<br>각 모둠별로 분야별로 '꿈'을 이룬 인물을 선정한다.<br>선정된 인물의 일대기를 퍼포먼스로 구성하기 위해 모둠 구성원들의 역할을 정한다. | 꿈을 이룬 사람들에 다<br>료 : 신문, 잡지, 인터넷<br>등을 미리 가져가서 모<br>선택해 가도록 할 수도 |
| 모둠별로 퍼포먼스를 하기 위해 시놉시스를 구성하고 구체적인 장면을 그림으로 그린다. | B4용지(모둠 수×5장 내<br>장면 그리기용도) |
| 연출자와 스태프, 배역 정하기<br>장면 그림을 바탕으로 의상 및 각종 표현 양식을 연구하고 준비물을 구체적으로 계획하여 적는다.<br>필요한 준비물 제작 등 제작회의를 한다. | 제작 노트 양식을 프<br>준다.<br>각 모둠의 연출자에게<br>유의할 점 제시한다. ( |
| 장면 연습 :<br>모둠별로 장면을 연습한다. | 스피드이 마임만한 |
| 장면 연습 및 리허설-테크니컬 리허설 위주의 리허설<br>각종 소품 및 표현을 위해 세밀한 준비를 한다. | 효과음악이나 PPT 배경<br>내용 연결 연습 (사운드 |
| 발표 :<br>각종 의상, 소품, 음악 효과 등으로 표현<br>연극이 될 수도 있으나 퍼포먼스이므로 노래나 춤 등 다양한 상징 등을 사용하여 표현할 수 있다. | 러닝타임을 어떻게 주<br>따라, 모둠의 수에 따라<br>는 달라질 수 있다.<br>단, 다른 모둠의 발표를 |

# 수업 중에
# 연극하자

교육연극의
실제 사례
**30**가지

# 수업 중에
# 연극하자

구민정 · 권재원 지음

다른

## 수업 중 연극으로 '가고 싶은 학교'를 만들자

학창시절 훌륭한 선생님들을 많이 만났다. 그런데 그분들이 강의의 달인들임에도 불구하고 열정적인 강의보다는 직접 참여했던 발표토론식 수업의 순간들이 더 생생하게 기억난다. 당시에는 수업시간에 친구들과 함께 연극을 해보고 영화를 찍어보는 건 상상도 못했다. 만약 그랬다면 아마 수십 년이 지난 지금까지도, 아니 평생토록 잊지 못할 아름다운 기억들을 남겼을 것이다.

하지만 선생님들에게 그런 수업을 선뜻 요구하기란 쉽지 않다. 수업 중에 각종 연극기법을 활용하려면 사전에 치밀한 구상과 준비, 그리고 수많은 시행착오와 용기가 필요하기 때문이다. 이때 먼저 용기를 내어 그 시행착오들을 경험한 선배 교사의 생생한 사례들을 공유할 수 있다면 얼마나 큰 힘이 될까? 이 책『수업 중에 연극하자 : 교육연극의 실제사례 30가지』가 바로 그런 책이다. 이 책은 교육연극에 대한 이론이나 학설을 펼치지 않는다. 다만 저자들이 꾸준히 실천해왔던 수업들을 맛깔스럽게 소개하고 있을 뿐이다. 연극이라고 하면 겁부터 먹고 손사래 치던

교사들도 이 책을 읽고 나면 만만하진 않겠지만 그래도 해볼만 하다고 생각이 바뀔 정도로 이 책은 실용적이다.

이 책은 단지 수업 중에 활용할 수 있는 연극기법 매뉴얼일 뿐 아니라 총체적인 수업혁신 매뉴얼이기도 하다. 창의, 융합, 협력의 시대에 걸맞게 수업방식을 혁신하고자 노력하는 모든 교사는 이 책에서 많은 영감과 도움을 얻게 될 것이다. 특히 저자의 성을 딴 구&권 연극토론수업 모형은 모든 아이들의 참여를 이끌어내기 위한 교육적 시도라는 점에서 높이 평가받아 마땅하다.

중학생들도 흠뻑 빠져드는 재밌고 유익한 수업, 이것이 모든 교사에게 꿈의 수업일 것이다. 이 책의 공저자인 구민정 선생님과 권재원 선생님은 중학교 사회교사들이다. 이분들의 수업시간엔 거짓말처럼 모든 아이들이 수업에 적극적으로 참여한다. 이런 기적을 원한다면 당장 이 책을 펼쳐 들고 수업시간에 기회 닿는 대로 연극을 해보자.

특히 기말고사 끝나고 방학 때까지 수업 효율이 떨어지는 기간에는 아이들이 20분짜리 연극이나 10분짜리 영화 제작에 도전할 수 있도록 교육과정을 통합적으로 운영해보자. 학생들 눈빛이 반짝반짝 살아날 것이다. 이것이 수업혁신의 결정판이자 '가고 싶은 학교 만들기'의 끝판왕 아닐까.

곽노현(전 서울시 교육감)

**신 나는 교실, 행복한 아이들**

가지런히 줄을 맞춰 앉은 학생들이 눈을 동그랗게 뜨고 선생님을 바라봅니다. 선생님은 학생들을 바라보며 우렁찬 목소리로 수업을 합니다. 학생들은 선생님이 쏟아내는 지식을 부지런히 보고 듣고 적으며 자신의 머리에 담아갑니다.

우리가 학교 수업이라고 하면 이런 장면을 떠올릴 것입니다. 그런데 사실은 갈수록 수업이 힘들어지고 있습니다. 선생님은 목이 터져라 외치지만 아이들은 도통 듣지 않습니다. 딴청을 부리거나 자기들끼리 속닥거리거나 아예 책상에 엎드려서 자는 아이도 있습니다. 그러다 보니 초등학교, 중학교 선생님들은 수업 활동의 상당 부분을 아이들이 듣게 만드는 데 할애합니다. 고등학교 선생님들은 한 반에서 3분의 2 정도의 아이들이 엎드려 있는 상태를 방치하고 수업을 할 수밖에 없습니다.

왜 이런 일이 일어날까요? 여러 가지 이유가 있겠지만, 학교와 선생님이 더 이상 신선한 정보의 보고가 아닌 것이 한 가지 이유가 될 것입니다. 1980년대만 해도 책이 귀하고, 인터넷 같은 것은 상상도 하지 못했습니다. 그 시절 많은 지식과 정보는 학교와 선생님으로부터 들을 수 있었습니다. 선생님의 입에서 쏟아져 나오는 한 마디 한 마디는 혼이 쏙 빠질 정도로 재미있고 역동적인 이야기였습니다.

하지만 오늘날 학교와 선생님은 지식의 보고도, 원천도 아닙니다. 인터넷 검색만 하면 다 알 수 있는 내용을 꼼짝 않고 일방적으로 듣고만 있는 것은 지루하기 짝이 없는 일입니다.

달리 생각해 보면, 학생들이 지루해한다는 것, 그것은 수업의 패러다임을 바꾸라는 의미심장한 신호일 수 있습니다. 물론 학생들의 흥미를 돋우기 위해 농담과 장난으로 수업시간을 가득 채우는 것도 바람직하지 않습니다. 그렇게 하면 학생들은 지루하지 않게 수업시간을 보낼 수 있겠지만 배우는 것이 매우 적거나 아예 없는 수업이 될 수 있습니다. 아이들이 지루해하지 않으면서도 풍성한 배움이 일어나는 것, 이것이 바로 모든 선생님이 지향해야 할 이상적인 수업일 것입니다.

어떤 경우에 아이들은 수업시간을 지루해할까요?

첫째, 아이들은 흥미로운 이야기가 없는 수업을 지루해합니다. 보통 아이들이 어렵게 생각하는 수학이나 과학시간에도 수학자의 이야기, 과학자의 이야기를 들려주면 아이들은 즐거워합니다. 사회시간에도 지리나 경제보다 이야깃거리가 있는 역사나 정치가 더 환영받습니다. 이야기가 있기 때문입니다. 물론 역사나 정치라도 교과서에 나오는 내용을 반복한다면 아이들은 지루해합니다.

둘째, 아무리 재미있는 이야기라 하더라도 선생님이 말하고 아이들은 듣기만 하는 일방향 수업은 25분이 한계입니다. 아이들이 아니라 어른을 상대로 하는 강연에서도 일방적인 강연이 25분을 넘기면 청중들 중에 꾸벅꾸벅 졸거나 딴짓을 하는 사람들이 하나둘 생겨납니다.

그럼 아이들이 지루해하지 않는 수업은 어떤 것일까요?

첫째, 달성해야 할 적절한 '과업'이 있는 수업입니다. 이때의 과업은 너무 쉽거나 너무 어려워도 안 됩니다. 아이들이 현재 달성할 수 있는 수준보다 조금 어려운 정도, 그래서 아이들이 도전해 볼 만하다 싶을 때 수업은 아이들의 흥미를 끌 수 있습니다.

둘째, 아이들이 스스로 알아낼 것이 있는 수업, 무엇인가 창조할 것이 있는 수업입니다. 선생님이 100을 알고 있다면, 70을 던져주고 아이들이 30을 스스로 찾아내거나 만들어 내도록 하는 수업입니다. 이런 수업은 교사가 친절하게 100을 모두 제공하고 완성까지 책임지는 수업보다 훨씬 흥미롭습니다.

셋째, 혼자보다는 여럿이 함께 어울려서 무엇인가를 하는 수업입니다. 인간은 사회적 동물입니다. 친교와 협력 그 자체만으로도 아이들에게는 충분한 보상이 된다는 것을, 실제로 수업을 해보면 확인할 수 있습니다.

넷째, 신체를 움직이는 활동이 많은 수업입니다. 이제까지 우리가 경험한 교실은 책상과 의자에 아이들을 묶어 두고 오로지 머릿속으로만 활동할 것을 요구해 왔습니다. 그러나 신체활동이 적절하게 어우러질 때 두뇌의 발달도 더 잘 이루어지는 것이 인간입니다. 아이들은 신체활동을 통해 자신의 역량을 확인합니다. 그 확인이 바로 아이들이 교실에서 느끼는 행복의 근원입니다.

이상적인 수업이란 학생들이 함께 어울려서 신체활동을 포함한 적절한 과업을 수행하며 이 과정에서 자유로운 탐구가 이루어지되, 교사가 절반 정도는 내용을 이끌어 가는 수업입니다. 최근 들어 교육연극의 가능성이 진지하게 주목받는 이유가 여기에 있습니다.

교육연극은 아이들의 협동작업이자 도전적인 과제입니다. 또한 교육연극은 팔로우업 단계에서 다양한 토론·논쟁 학습과 결합이 가능합니다. 이 책을 쓴 저희들은 이 모든 과정을 학교 현장에서 20년 이상 학생들과 경험하고 그 결과를 입증해 왔습니다.

그런데 교실 수업에 연극을 들여오는 것이 말처럼 쉬운 일은 아닙니다. 교육연극을 교실에서 실천하고자 해도 선생님들은 어디서부터 무엇을 해야 할지 막막합니다. 몇 권의 간단한 책들이 있기는 하지만 교육연극을 현장에서 적용한 구체적인 수업 사례들은 여전히 부족합니다.

이 책에 소개된 수업 사례와 모형들은 지난 20년이 넘는 세월 동안 연구하고 실험하고 보완한 것들입니다. 이 수업들은 중학교와 고등학교는 물론 초등학교에서도, 사회과는 물론 국어, 도덕, 역사 등 거의 모든 교과에 적용 가능합니다.

물론 이 수업 모형들은 언제든지 수정 보완이 가능하고 또 그렇게 되어야 하는 것들입니다. 부디 이 책이 일선 학교에서 널리

사용되고 여러 선생님들이 수정 보완하는 후속작업의 씨앗이

되기를 간절히 바랍니다.


구민정, 권재원

앞으로 자주 사용할 용어를 간단히 정리하겠습니다.

■ D.I.E.(Drama In Education) : 교육연극

교실에서 학생들이 협력하여 연극을 활용하는 수업을 일컫는 말입니다. 이 책에서는 '교육연극'이라 부릅니다. 완성된 공연을 목표로 연습하고 공연하는 일반적인 연극과 달리, 교육연극은 주어진 학습목표에 따라 교사의 지도를 통해 학생들이 즉흥극이나 간단한 상황극을 만들면서 학습하는 과정입니다. D.I.E.는 웜업→준비→공연→팔로우업으로 이루어집니다.

### ■ 웜업 : 몸과 마음을 풀어 봅시다.

다른 사람들 앞에서 몸짓과 언어로 자신을 드러내는 것은 쉬운 일이 아닙니다. 학생은 물론이고 선생님들도 그렇습니다. 이때 먼저 몸과 마음을 풀어주는 것을 '웜업$^{worm up}$'이라고 합니다. 웜업은 매 시간 조금씩 하는 것이 좋습니다. 한 학기나 일 년 등 일정한 기간을 '웜업 기간'으로 설정할 수도 있습니다.

### ■ 준비 : 연극 만들기 시작!

웜업으로 몸과 마음이 충분히 이완 되었으면 연극을 만들기 시작합니다. 공연장에서 전문 극단이 공연하는 일반적인 연극이라면 작가가 대본을 쓰고 연출가가 연출노트를 작성하고 배우와 스태프가 장면들을 연습해서 만듭니다. 하지만 교육연극은 다릅니다. 대본 작성, 연출, 연기 모두 학생들의 협동작업으로 동시에 만들어 갑니다. 즉흥극을 하는 경우도 많으므로 대본 작성에 얽매이지 않습니다.

**▪ 공연 : 자, 연극을 공연합니다.**

일반적인 연극은 공연이 목적이지만 교육연극은 다릅니다. 공연은 교육 과정의 하나이자 축제입니다. 교육연극에서 공연은 아이들에게 동기유발 뿐 아니라 성취감을 느끼게 합니다. 아이들은 공연으로 주어진 과업을 일단락 짓습니다.

**▪ 팔로우업 : 공연보다 더 중요한 과정!**

연극을 만들어 가는 동안 아이들은 많은 경험을 합니다. 이때 경험들을 비판적으로 검토하고 조직화해야 합니다. 이 과정을 거치지 않으면 아이들은 애써 얻은 경험들을 자기 것으로 만들지 못합니다. 말하자면, 연극을 하면서 재미는 있었는데 무엇을 배웠는지 정리가 안 되는 것입니다. 팔로우업followup, 즉 후속작업이 제대로 이루어지지 않은 교육연극은 심지어 교육적으로 위험하기까지 합니다. 아이들은 자신이 맡았던 배역의 입장과 거리를 두지 못합니다. 오히려 그 배역의 입장과 역할을 내면화하고 정당화해버릴 수 있습니다. 아이들이 직접 만들어서 공연하는 교육연극에서는 자신이 맡았던 역할을 비판적이고 반성적으로 되돌아보는 팔로우업이 반드시 필요합니다.

■ **T.I.E.(Theatre In Education) : (전문가) 교육연극**

D.I.E.가 교사와 학생들이 만든 연극과 후속작업으로 이루어진 교육연극이라면, T.I.E.는 전문가[교육연극 극단이나 배우교사actor teacher]들의 연극과 후속작업으로 이루어진 교육연극입니다. T.I.E.는 특정한 주제나 사안에 대하여 치밀하게 조사를 해야 하고 극의 구성이나 후속작업의 결합 방식에 따라 다양한 형태로 제작할 수 있습니다. T.I.E.는 웜업→공연→팔로우업으로 이루어집니다. 예를 들어, 2012년 '학교 폭력 예방을 위한 교육연극'으로 학교들을 순회하였던 공연이 T.I.E.에 해당합니다.

# 차례

# 01

## 몸과 마음을 훈훈하게

몇 가지 웜업 방법을 소개합니다

3월입니다. 선생님은 새로운 학생들을, 학생들은 새로운 선생님을 만납니다. 가슴 설레는 첫 만남입니다. 3월은 앞으로 즐겁고 활발한 수업을 위해 서먹함을 풀고 서로 친밀감과 신뢰감을 높일 수 있는 때입니다. 교육연극의 용어를 빌리자면 몸과 마음을 여는 기간, 즉 웜업이 이루어지는 기간입니다.

웜업이란 주로 연극놀이를 가리킵니다. 연극놀이를 하면 학생들은 마음을 열고 선생님과 라포rapport, 상호신뢰관계가 형성됩니다. 그리고 다양한 신체활동을 할 수 있도록 몸 상태가 활성화됩니다. 무엇보다도 학생들은 웜업을 통해 연극적 상황, 연극적 약속에 익숙해질 수 있습니다. 스트레칭을 열심히 한 운동선수가 자기도 모르게 경기력이 향상되고 부상 위험도 줄어드는 것과 마찬가지로, 웜업을 충분히 수행한 학생은 연극과 토론을 할 수 있는 몸과 마음의 상태를 갖추게 됩니다.

**연극놀이란?**

연극적 설정을 통한 놀이, 혹은 본 연극을 만들기 전에 몸과 마음을 풀어주는 놀이와 활동 모두를 말한다. 연극놀이는 놀이를 통해 자기 자신에게 '나는 누구인가?'라는 질문을 던지고 타인과의 관계 속에서 다양한 가치와 의미를 발견하며 즐거움을 얻는 과정으로, 교육연극에서 매우 중요한 활동이다.

이때 학생들이 웜업을 잘하기 위해서는 선생님 자신의 웜업이 가장 중요합니다. 선생님이 경직되고 지시적인 태도로 웜업의 활동들을 설명하고 해보라고 명령을 한다면? 이것은 웜업이 아니라 단체기합이 될 수도 있습니다.

명심하십시오. 학생들의 웜업을 위해 가장 중요한 것은 교사 자신의 웜업입니다. 다음에 소개하고 있는 웜업 방법은 수많은 웜업 가운데 극히 일부를 추린 것입니다. 더 다양한 웜업의 종류는 특별히 '연극놀이'만을 다룬 책들을 참고하시기 바랍니다.

자, 그럼 활동에 들어가 볼까요?

TIP

3월 1~2주 동안에는 웜업을 많이 활용하는 것이 좋다. 이후에는 필요에 따라 수업 시작 전 10분 정도를 할애해서 웜업을 함께하는 것이 좋다.

게임처럼 간단하게, 언제 어디서나 쉽게 할 수 있는 웜업 방법입니다. 사실은 가장 많이 사용되는 웜업 방법이기도 합니다. 연극 수업뿐만 아니라 학생들과 선생님 사이에, 혹은 학생들사이의 서먹한 분위기를 바꿀 수 있습니다.

**웜업 1**

|||||||||||||||||||||||||||||||||||||||||||||||||||||||||||||||||||||||||||||||||||||||||||||||||||||||||||||||

## 생각보다 재미있어요! 오아이 게임

오전 수업이라면 손뼉을 치면서 노래를 부릅니다. 이때 부르는 노래는 동요 〈송아지〉에서 자음을 모두 뺀 것입니다.

> 오아이 오아이 어우 오아이 어아오오 어우오 어아 아아에
> (송아지 송아지 얼룩 송아지 엄마소도 얼룩소 엄마 닮았네)

다른 동요를 응용할 수도 있습니다. 서로 마주 보고 부르면 절로 웃음이 나오겠지요?

**웜업 2**

|||||||||||||||||||||||||||||||||||||||||||||||||||||||||||||||||||||||||||||||||||||||||||||||||||||||||||||||

## 크레셴도 데크레셴도 게임

선생님이 한 모둠을 지목합니다. 웜업 1의 '오아이 게임'을 시작합니다. 이어서 나머지 모둠들도 차례로 돌림노래를 부릅

니다. 크레셴도<sup>crescendo</sup>는 점점 크게, 데크레셴도<sup>decrescendo</sup>는 점점 여리게 부르는 것입니다. 아이들은 선생님의 크레셴도와 데크레셴도 요청에 따라 점점 크게 부르다가 점점 여리게 부르기를 합니다. 이웃 반의 눈치가 보일 경우에는 소리를 내지 않고 점점 커지는 동작, 점점 작아지는 동작으로 응용할 수 있습니다. 이때 서로 상대방 모둠을 관찰하게 합니다. 선생님의 주문에 따라 재빨리 목소리나 동작을 맞춰서 바꾸는 모둠에게 상을 줍니다.

||||||||||||||||||||||||||||||||||||||||||||||||||||||||||||||||||||||||||||||||||||||||||||||||||

### 협동심 게임

모둠 구성원들의 협동심을 키워주는 웜업입니다.

① 모둠의 리더를 뽑습니다. (리더를 '브레인'이라고 부릅니다.)
② 브레인을 중심으로 각 모둠은 이름과 구호를 만듭니다.
③ 선생님이 모둠 이름을 부르면 모둠의 브레인과 구성원들은 구호와 함께 모둠의 능력치만큼 박수를 칩니다.

박수 소리가 가장 크고 구호를 가장 우렁차게 외친 모둠에게 상을 줍니다. 상은 사탕, 과자, 혹은 가산점 등이 좋겠지요?

선생님은 소리로, 학생은 몸으로

선생님이 말하면 아이들은 몸과 말로 표현하는 활동입니다. 처음 할 때는 몸으로 표현하는 것이 생각처럼 쉽지 않다는 걸 느낄 것입니다. 그런데 조금 더 하다 보면 교실의 온도가 훈훈해질 것입니다. 이때 선생님은 우렁차게 혹은 부드럽게, 때로는 풍부한 표현을 담아 외쳐야 합니다. 선생님의 외침이 진지하고 실제 같을수록 아이들의 몸짓이 활발해집니다.

**월업 4**

||||||||||||||||||||||||||||||||||||||||||||||||||||||||||||||||||||||||||||||||||||||||||||||||||||

### 계절과 날씨를 몸짓으로 표현해요

① 학생들은 자리에 앉거나 섭니다. 줄을 맞출 필요 없이 서로 충분한 간격을 두면 됩니다. 책상과 의자를 밀어 놓고 공간을 확보하는 것도 좋습니다. 선생님은 학생들을 두루 볼 수 있는 위치에 서거나 앉습니다.

② 선생님이 계절의 변화를 시처럼 읊어 주면 학생들은 그것을 표현합니다. 학생들은 눈을 감습니다. 눈을 감으면 집중하여 들을 수 있고 서로의 시선을 의식하지 않을 수 있어서 좋습니다.

봄이 왔어요

몸이 나른해요

꽃이 피려나 봐요
개구리가 깡충 뛰어 올라요


여름이 왔어요
푸른 잎들 사이로 바람이 불어와요
찌는 듯 더워요
에어컨이 너무 추워요
체육을 했더니 기진맥진해요


가을이 되었어요
푸른 하늘이 높고 아름다워요
단풍이 물든 학교의 나무가 보여요
낙엽이 떨어지고 있어요


겨울이 왔어요
창밖에 눈이 오나 봐요
아이들이 만든 눈사람이 혼자 남겨졌어요
호호호 군고구마가 뜨거워요


③ 학생들은 수단과 방법을 가리지 않고 소리, 행동, 표정 등을
   총동원하여 표현합니다.
④ 처음에는 눈을 감고 앉아서 표현하지만 나중에는 눈을 뜨고
   서로를 바라보고 서거나 걸어 다니면서 해봅니다. 좀 더 익숙

해지면 책상과 의자를 소품으로 활용하면서 활동합니다.

선생님은 감정이 풍부한 말투와 목소리로 시를 읊고 아이들은 눈을 감기도 하고 뜨기도 하면서 깔깔거리고 몸을 움직이며 표현합니다. 계절이나 날씨 뿐 아니라 주위 환경 모든 것을 오감으로 표현하는 연극놀이가 가능합니다.

## TIP

국어시간에 배우는 시나 수필을 연극놀이에 활용할 수 있다. 이 경우, 단순한 웜업을 위한 연극놀이를 뛰어넘어 오감을 활용한 문학수업이 될 수 있다.

아이들 각자 몸을 움직여 표현할 수도 있고 여럿이 함께 집단으로 퍼포먼스를 할 수도 있습니다. 집단이 퍼포먼스를 하는 경우 소리를 내지 않고 동작으로만 표현하도록 합니다.

두 팀으로 나누어 한 팀이 표현하고 다른 팀이 관람하도록 하는 것도 좋습니다. 이렇게 하면 아이들에게 긴장감과 선의의 경쟁의식을 갖게 하고 흥미 유발에 아주 좋은 효과가 있습니다. 이때 소리를 내는 것은 허용하되 의성어, 의태어만 사용하도록 하여 재미를 더할 수 있습니다.

**웜업 5**

||||||||||||||||||||||||||||||||||||||||||||||||||||||||||||||||||||||||||||||||||||||||||||

### 떡 하나 주면 안 잡아먹지!

조금 더 복잡하고 긴 이야기로 활동해 봅니다. 어떤 이야기든 상관없지만 가능하면 아이들이 잘 알고 있는 동화가 효과적입니다.

① 선생님이 잘 알려진 이야기 하나를 선택합니다.

〈해와 달이 된 오누이〉, 〈심청전〉, 〈백설공주〉, 〈토끼와 거북〉, 〈빨간 두건〉 등 잘 알려진 옛이야기나 동화가 좋습니다. 앞으로 우리는 일종의 동화구연을 할 것이므로 원작에 충실하지 않을 것입니다. 선생님이 선창하고 아이들이 표현하기에 적합하도록 개작해야 합니다.

② 선생님은 학생들에게 이야기 속 등장인물 중 하나를 선택하게 합니다.

학생들은 주로 주인공을 선택하지만 때로는 엉뚱한 인물을 선택하기도 합니다. 예를 들면 〈해와 달이 된 오누이〉에서 호랑이, 〈백설공주〉에서 계모와 같은 인물입니다.

③ 선생님이 동화 내용을 선창합니다.

선생님은 학생들이 알아듣기 쉽도록 등장인물의 이름이 나오는 대목을 특히 더 우렁차게 외칩니다.

④ 학생들은 자신이 선택한 인물의 이름이 나올 때마다 자기가 생각한 성격을 살려 선창의 내용대로 몸짓으로 표현합니다.

선생님이 간단한 문장만 들려줘도 학생들은 온갖 기발한 아이디어를 동원해 멋지게 표현해낼 것입니다.

⑤ 학생들이 이 활동에 어느 정도 익숙해지고 부끄러워하지 않을 때, 학급 인원을 두 모둠으로 나눕니다.

두 모둠을 서로 마주보게 하고 한 모둠이 활동하는 동안 다른 모둠은 관람을 하게 합니다. 이때 관람하는 모둠원들에게 상대 모둠에서 가장 멋지게 표현한 사람을 고르게 합니다. 영광스럽게 뽑힌 학생은 아이들 앞에서 칭찬을 해주고 인기를 실감하게 해주면 좋습니다.

## TIP

선생님이 가장 멋지게 표현한 학생에게 상품을 주면 훌륭한 동기 부여가 된다. 상품은 사탕이나 과자로도 충분하다. 이때 '배우 〈예감〉', '오늘의 〈에이스〉', '너 오늘 〈누네띠네〉' 같이 과자 이름에 칭찬을 붙여서 상품을 만들면 수업에 재미를 더할 수 있다. 웜업을 포함하여 연극놀이의 목표는 결국 깔깔 웃으며 몸과 마음을 이완하는 것이기 때문이다.

지금까지 살펴본 활동들은 선생님이 선창하고 학생들이 각자 활동하는 방법이었습니다. 이번에는 혼자 하는 것이 아니라 다른 친구와 함께하는 활동을 알아봅니다.

아이들은 친구들과 함께 활동하면서 서로 친밀감과 신뢰를 쌓아갑니다. 당연히 친밀감과 신뢰는 공동작업인 교육연극의 필수 조건입니다.

우선 두 명이 하는 활동부터 살펴보겠습니다. 우리나라 교실 공간이 사실 뛰거나 달리면서 다양한 활동을 할 수 있는 곳은 아닙니다. 그래서 두 명씩 짝을 지어 앉아 있다가 잠깐이라도 일어나서 할 수 있는 놀이나 활동이 많이 필요합니다.

둘이 하는 활동은 짝에게 집중할 수 있다는 큰 장점이 있습니다. 따라서 선생님은 짝이 된 두 사람이 관심과 배려로 스스럼없이 활동하도록 이끌어주어야 합니다.

**웜업 6**

## 동화 주인공 표현하기

이 활동은 앞서 소개한 웜업 5 활동의 2인용 버전입니다. 앞의 활동이 동화의 등장인물을 학생들 각자가 표현하는 것이라면 이 활동은 학생들이 둘씩 짝지어 표현하는 것입니다. 앞의 활동보다 절차가 조금 더 복잡합니다.

① 선생님은 동화나 옛이야기의 주인공으로 16~17(학생수 32~34명인 학급의 경우)쌍을 정합니다. 대부분의 동화는 서로 쌍을 이루는 주인공이 있습니다. 주인공들은 형제, 연인, 동료일 수도 있고(예: 백설공주-난장이, 피터팬-팅커벨), 맞수나 적수(예: 백설공주-계모, 피터팬-후크 선장)일 수도 있습니다. 선생님의 교육 목표에 따라 표현하기에 가장 효과적인 캐릭터를 고릅니다.

② 주인공의 이름이 각각 적힌 카드를 32~34장 만듭니다. 카드 한 장에 주인공 한 사람의 이름을 적습니다. 모든 카드에 적힌 주인공 이름은 서로 달라야 합니다.

③ 원래의 쌍과 무관하게 카드를 무작위로 섞습니다.

④ 학생들은 무작위로 이 카드 중 하나를 뽑습니다.

⑤ 카드를 뽑은 학생은 카드의 내용을 숨긴 채 동작으로 자기가 뽑은 캐릭터를 표현합니다. 그리고 다른 학생들은 그 모습을 보고 자기 짝을 찾습니다. 서로 짝을 찾으면 자리에 앉습니다.

⑥ 모두 짝을 찾고 자리에 앉으면 한 팀씩 일어나서 동작으로 캐릭터를 표현합니다. 다른 학생들은 동화(옛이야기)의 제목과 어떤 인물인지 맞힙니다. 이때 가장 많이 맞힌 팀에게 상품을 줍니다.

| | 제목 | 주인공1 | 주인공2 |
|---|---|---|---|
| 1 | 선녀와 나무꾼 | 나무꾼 | 선녀 |
| 2 | 백설공주 | 백설공주 | 난장이 |
| 3 | 심청전 | 심청 | 심 봉사 |
| 4 | 개미와 베짱이 | 개미 | 베짱이 |
| 5 | 흥부전 | 흥부 | 놀부 |
| 6 | 왕자와 거지 | 왕자 | 거지 |
| 7 | 바보 온달 | 온달 | 평강 공주 |
| 8 | 피노키오 | 피노키오 | 제페토 |
| 9 | 피터팬 | 피터팬 | 팅커벨 |
| 10 | 돈키호테 | 돈키호테 | 산초 |
| 11 | 해와 달이 된 오누이 | 오누이 | 호랑이 |
| 12 | 토끼와 거북 | 토끼 | 거북 |
| 13 | 로미오와 줄리엣 | 로미오 | 줄리엣 |
| 14 | 콩쥐팥쥐 | 콩쥐 | 팥쥐 |
| 15 | 춘향전 | 춘향 | 이 도령 |
| 16 | 호동 왕자와 낙랑 공주 | 호동 왕자 | 낙랑 공주 |
| 17 | 마동이와 선화 공주 | 마동이 | 선화 공주 |
| 18 | 손오공 | 손오공 | 삼장 법사 |
| 19 | 알라딘 | 알라딘 | 지니 |
| 20 | 플랜더스의 개 | 네로 | 파트라슈 |

## 조각가와 움직이는 작품

짝을 이룬 학생들 사이의 접촉을 더 활발하게 하는 활동입니다. 앞서 소개한 웜업 6보다 더 많은 표현력, 상상력과 파트너십을 키울 수 있습니다.

① 학급을 두 모둠으로 나눕니다. 한 모둠은 조각 모둠, 다른 모둠은 관람객 모둠으로 합니다.

② 조각 모둠 학생들은 무작위로 두 명씩 짝을 짓고 가위바위보를 해서 진 사람은 조각가, 이긴 사람은 조각이나 소조의 재료(진흙, 대리석, 화강암 혹은 나무 등)가 됩니다. 여기서 반드시 이긴 사람이 재료가 되고 진 사람이 조각가가 될 필요는 없습니다. 다만 통상적인 가위바위보의 승패자 룰을 살짝 뒤집어 보았습니다.

③ 조각가는 동화나 문학작품의 등장인물이나 장면을 머릿속으로 생각합니다. 선생님이 미리 어떤 작품의 장면을 기록한 카드를 준비해 두었다가 조각가에게 작품을 의뢰하는 형식도 좋습니다.

④ 조각가는 재료가 된 학생을 이용하여 등장인물이나 장면을 만듭니다. 재료가 된 학생은 조각가가 만드는 대로 움직입니다. 조각가 재료의 손을 잡아당기거나 입을 벌리게 하거나 성난 얼굴을 만들면 그대로 따라야 합니다. 조각가와 재료가 동성 간이면 조각가가 재료의 몸을 직접 조작하여 만들

수 있습니다. 이성 간인 경우에는 동작과 표정 등을 지시하여 조작할 수 있습니다.

⑤ 조각가는 수시로 작품으로부터 뒤로 한 발 물러나서 자신이 생각하고 있는 모습과 같은지 확인합니다.

⑥ 작품이 완성되면 관람객은 돌아다니면서 작품을 감상합니다. 그리고 어떤 이야기의 인물이나 장면인지 맞힙니다. 이때 작품은 절대 움직이면 안 되고, 관람객은 작품에 손을 대어서도 안 됩니다.

⑦ 활동이 모두 끝나면 역할을 바꿔서 조각 모둠이 관람객이 되고 관람객은 조각 모둠이 되어 같은 과정을 진행합니다.

# 4

네 명 이상 어우러져서

한 모둠의 인원 수도 네 명으로 늘어나고, 모둠원들의 신체 상호작용과 표현뿐 아니라 언어 상호작용과 표현까지 이끌어 내는 활동입니다. 연극은 적어도 여섯 명 이상의 학생들이 함께하는 공동작업입니다. 이 활동을 통해 여럿이 몸짓뿐 아니라 대사로 표현하는 것을 경험할 수 있습니다. 인원 수가 두 명에서 네 명으로 늘어나면 훨씬 다양한 활동을 할 수 있는 만큼 더 넓은 공간이 필요합니다.

① 학생들을 2인 1조로 편성합니다. 이 중 한 사람은 유명인, 다른 한 사람은 유명인을 취재하는 기자입니다. 유명인은 현존하는 유명인이어도 좋고, 역사적인 위인이어도 좋고, 악명 높은 악인이어도 좋습니다.
② 기자는 유명인의 연령, 거주지, 좋아하는 음식, 요즘 근황 등을 취재합니다.
③ 유명인-기자로 구성된 팀을 두 팀씩 결합해서 4인 1조를 만듭니다. 말하자면 한 팀에 두 명의 유명인과 두 명의 기자가 있게 됩니다.
④ 두 명의 기자는 각자 자신이 취재한 내용을 새로 만난 유명

인에게 충분히 알려줍니다.

⑤ 서로에 대해 잘 알게 된 두 유명인이 서로 인사를 하고 대화를 하면서 정보를 공유합니다.

⑥ 네 명으로 이루어진 한 모둠은 다른 모둠들 앞에서 자기 모둠의 두 유명인을 몸짓과 간단한 대사로 표현합니다. 이때 대사 속에 이름이 나오면 절대로 안 됩니다.

⑦ 한 모둠이 발표를 할 때 다른 모둠은 어떤 유명인사인지 알아맞힙니다.

||||||||||||||||||||||||||||||||||||||||||||||||||||||||||||||||||||||||||||||||||||||||||||||

웜업 **9**

## 움직이는 조각상, 타블로

네 명 이상의 학생들이 서로 협력하여 스토리가 있는 어떤 장면을 만들어 내는 활동입니다. 타블로란 연극의 한 장면을 정지 동작으로 보여주는 것입니다. 타블로를 보는 사람들은 이 정지 동작 이전에 어떤 일이 있었는지, 왜 현재 이런 상태로 있는지, 다음에는 어떤 일이 일어날지에 대해 많은 생각을 할 수 있습니다. 타블로를 만드는 사람들은 서로 토의하고 협력하여 어떤 상황을 예술적으로 표현하는 경험을 할 수 있습니다.

- - - - - - - - - - - - - - - - - - - - - - - - - - - - - - - - - - - - -
**타블로**Tableau**란?**
- - - - - - - - - - - - - - - - - - - - - - - - - - - - - - - - - - - - -
타블로는 정지 장면으로 어떤 상황을 표현하고자 할 때 쓰인다. 교육연극적 기법을 적용하는 초기 단계에 타블로는 유용하게 활용된다. 타블로는 상황을 압축적으로 재현할 수 있기 때문이다.

타블로 활동을 할 때는 먼저 선생님이 주제를 제시하고, '하나, 둘, 셋!' 등의 정해진 신호를 보냅니다. 학생들은 주제에 적합한 상황을 정지 동작으로 표현합니다.

타블로 활동은 매우 쉽고 간단합니다. 여러 사람 앞에서 발표하기를 주저하는 학생들도 큰 부담 없이 참여할 수 있으므로 학생들이 자신감을 키우는 데 도움이 됩니다. 또한 복잡한 상황을 한 장면으로 압축하여 나타내야 하기 때문에 대상의 특징을 포착하는 능력도 키울 수 있습니다.

① 4~6명을 한 모둠으로 만듭니다.

② 각 모둠마다 어떤 주제 혹은 이야기나 상황을 정합니다. 학생들이 스스로 만들어 낼 수도 있고 선생님이 미리 어떤 상황이나 이야기를 준비해서 무작위로 나누어 줄 수도 있습니다. 주로 유명한 문학작품의 한 장면이나 역사적 사건의 한 장면을 사용하는 것이 편리합니다.

③ 모둠원들끼리 서로 협의하여 주어진 장면을 어떻게 표현할지 논의합니다. 등장인물과 인물의 행동을 결정하고 그 장면 이전의 이야기, 앞으로 벌어질 이야기를 결정합니다.

④ 모둠원들 각자 장면 속 배역을 맡습니다. 모둠원 중 한 사람은 장면을 만들고 진행하는 사람이 됩니다.

⑤ 여러 사람이 등장하는 조각상, 혹은 영화 속의 스틸사진처럼 특정한 장면을 표현합니다.

⑥ 미리 정해진 약속에 따라 이 장면은 움직일 수 있습니다. 예

를 들면, 뽕망치로 머리를 치면 조각상이 정해진 대사와 행동을 합니다. 선생님이 손뼉을 두 번 치면 모든 조각상이 움직이면서 대사를 하다가 손뼉을 한 번 치면 역진 동작으로 원래의 장면이 되는 방식도 있습니다. 이 밖에도 조각상을 움직이게 하는 데 필요한 다양한 도구(의사봉, 벨 등)를 활용하거나 조각상이 움직이는 규칙(역진 동작, 느린 동작, 2배속 동작)을 다양하게 정하면 학생들이 무척 즐거워합니다.

웝업 10

## 다양한 매체로 상상하기

움직이는 조각상까지 왔으면 연극 만들기 직전 활동까지 온 셈입니다. 여기서는 한 발 더 나아가서 사진, 만화, 그림 등 시각 자료를 활용하여 장면을 만드는 활동을 하겠습니다. 영화 속 장면을 패러디할 수도 있고 문학작품의 한 페이지에서 시작하여 이야기를 이어갈 수도 있습니다.

① 선생님이 학생들에게 미리 준비한 이미지(사진, 만화, 동영상 등)를 보여줍니다.
② 학생들은 이미지를 보고 떠오른 문장을 바로 카드에 적습니다. 이때 깊이 생각하지 않고 보는 즉시 바로 문장을 쓰도록 합니다.
③ 무작위로 5~6명의 학생을 한 모둠으로 구성합니다.
④ 학생들이 작성한 카드를 모둠 별로 모아서 카드의 문장들을

이용하여 하나의 이야기를 구성합니다. 무작위로 모인 카드의 문장들을 이용하여 스토리를 구성하는 작업은 매우 협력적이고 창의적인 경험이 됩니다.

⑤ 완성한 스토리를 바탕으로 세 개의 장면을 설정하고 움직이는 조각상을 만듭니다. 이때 장면의 배경이 되는 음악이나 음향 효과를 활용하여 예술성을 한 단계 올려 봅니다.

⑥ 움직이는 조각상을 발표합니다.

## TIP

보여준 이미지의 시점을 현재로 하고 과거before와 미래after의 이야기를 같은 방법으로 만들면 한 편의 완성된 연극 대본을 만들 수 있다.

**웜업 11**

### 이야기 속 주인공으로 변신!

여기에 소개하는 '숨바 놀이'는 교육연극 연구소 해마루의 프로그램에서 많은 부분을 빌려와 학교 현장에 적용할 수 있도록 변형한 것입니다.

숨바꼭질을 아주 좋아하는 '숨바'라는 아이가 있었습니다. '숨바'가 숨바꼭질을 얼마나 좋아하냐면, 아침에 일어나서 밤에 잠들기 전까지 내내 숨바꼭질을 하면서 논다나요.

오늘도 숨바는 친구들과 숨바꼭질을 하려고 밖으로 나갔습니다. 술래가 된 숨바는 친구들이 모두 숨을 때까지 "꼭 꼭 숨어라 머리카락 보일라, 다 숨었니?"하며 눈을 감고 벽에 머리와 손을 대고 있었습니다. 어느덧 친구들이 다 숨었는지 대답이 없습니다. 숨바는 친구들을 찾기 위해 두리번거립니다. 그런데 오늘따라 꼭 꼭 숨은 친구들을 찾는 것이 너무 어렵네요. 숨바는 친구들을 찾다가 자기도 모르게 숲으로 들어갔습니다.

숲에는…….

여기서부터 연극놀이가 시작됩니다.

① 두 사람이 한 팀이 되어 숲속의 사물이나 동물, 식물을 표현합니다.
② 숨바 역할을 맡은 팀(숨바와 숨바의 짝)은 숲속의 사물이나 동물, 식물의 이름을 부릅니다.
③ 이름이 불린 사람들은 숨바의 뒤에 줄을 지어 따라갑니다. 숨바가 찾으면 숨바 뒤에, 숨바의 짝이 찾으면 짝꿍 뒤를 따릅니다.
④ 두 개의 큰 모둠이 만들어지면 두 모둠은 이어지는 게임을 합니다. 이어지는 게임은 '우리 집에 왜 왔니?'입니다.

우리집에 왜 왔니 왜 왔니 왜 왔니
꽃 찾으러 왔단다 왔단다 왔단다
무슨 꽃을 찾으러 왔느냐 왔느냐
○○○(숲속에 있는 것의 이름) 꽃을 찾으러 왔단다 왔단다
가위 바위 보!

이 게임으로 모둠원의 수를 각자 늘려갑니다. 숲속의 사

물을 재미나고 실감나게 표현하도록 동기를 부여하고 놀이가
끝나면 상품을 주는 것도 좋습니다.

**가족사진으로 이야기 만들기**

① 가족이나 친구 등 학생들이 친근감을 느끼는 존재의 이미지
를 준비합니다.

② 학생들은 그 이미지를 보면서 선생님이 던지는 질문에 답을
하거나 공책에 적습니다.

"앞으로 이 사람에게 무엇을 바라는가?"

"앞으로 이 사람에게 일어날 일들 중에서 가장 두려운 것은
무엇인가?"

"이 사람과 관련해서 무엇을 그리워하는가?"

"이 사람과 관련된 사건 중에서 후회하는 일은 무엇인가?"

선생님의 질문에 답을 하거나 공책에 적으면서 학생들은 친
근한 존재와 자신의 삶을 연관시킬 수 있습니다. 이것은 드
라마를 활용해 사회적 관계에 대한 태도와 가치, 그리고 어
떤 사건에 대한 관점을 풍부하게 해주는 계기가 됩니다.

③ 학생이 이야기를 하거나 공책에 적은 내용을 단초로 모둠을
이룹니다.

④ 한 사람씩 돌아가며 화자가 되어 에피소드를 말합니다. 화

자$^{\text{teller}}$는 자신의 이야기를 드라마로 만들 수 있도록 소재와
이야기를 제공하는 사람입니다.

⑤ 모둠의 나머지 사람들은 화자의 이야기를 드라마화하기 위
해 표현을 연구하고 다 같이 앞으로 나와 친구의 이야기를
드라마로 보여줍니다. 다른 사람의 이야기를 드라마로 보여
줌으로써 서로에 대해 존중하는 마음을 갖게 됩니다.

||||||||||||||||||||||||||||||||||||||||||||||||||||||||||||||||||||||||||||||||||||||||||

**드래곤 호의 모험: 모험게임**

게임 서사와 TV 예능 프로그램에 익숙한 아이들에게 잘 맞는
활동입니다. 모험 이야기의 구조를 지니고 있으므로, 사회자
(선생님)에 의해 즉흥극이 만들어지기도 하고 문제를 풀어가
면서 목표 지점에 도달할 수도 있습니다. 학생들의 반응이 매
우 폭발적입니다.

① 사회자(선생님)가 모험게임을 이끌어갑니다.
아래의 대사를 사회자가 읽으면서 시작합니다. 이때 엄숙하
면서도 우렁차게 마법사와 같은 음흉한 목소리 연기를 하면
분위기는 더욱 즐거워집니다.

우리는 더 나은 세상을 찾아 여행을 떠나는 순례자입니다.
'더 나은 세상'이란 여러분이 꿈꾸는 세상입니다.
모두 여행에 동참하기 위해 여기 오셨지요?

반갑습니다.

여러분은 이제 함께 모험을 떠나는 배에 오르겠습니다.

이 배는 한번 출발하면 중도에 내리는 것이 허락되지 않습니다.

그런데 한 가지, 우리에게는 주어진 운명이 있습니다.

더 나은 세상을 찾기 위해서는 신이 우리에게 부여한 조건을 만족시켜야 합니다.

조건은 바로 가장 소중한 기억을 한 가지씩 잃어버리는 주문에 걸리는 것입니다.

이것은 신이 우리에게 요구한 하나의 제물입니다.

이 정도의 제물을 바쳐야 우리가 원하는 세상에 당도할 수 있습니다.

신은 우리의 제물에 만족할 경우 선물을 줄 것입니다.

물론 만족하지 않을 경우 우리 배는 좌초될 것입니다.

이제 서로에게 자신의 소중한 기억을 이야기해 주세요.

이 배가 첫째 항구에 도착하기 전까지 해야 합니다.

가장 소중한 기억들을 서로에게 털어놓지 않으면 그 기억은 영원히 사라질 것입니다.

아무리 신이라도 다른 사람이 기억하는 것까지 말릴 수는 없지 않겠습니까?

우리가 떠나는 여정에는 온갖 역경이 있을 것입니다.

여러분은 이 고난을 힘을 합쳐 헤쳐갈 것입니다.

그러기 위해 비범한 능력을 누구나 한 가지씩 부여 받을 것입니다.

우리 모험에 필요한 능력을 의논하여 리스트를 만드십시오.

능력들을 서로 나눠 갖기 위해 대화는 할 수 있습니다.

하지만 누가 어떤 능력을 갖게 될지를 정할 때는 소리 내어 말하면 안 됩니다.

오로지 눈짓만으로 의사소통을 해야 합니다.

만약 소리를 내면 그 능력은 공중으로 날아가 아무도 가질 수 없게 됩니다.

각자 나누어 받을 능력을 이 종이에 적어 내세요.

만일 같은 능력을 두 사람 이상이 적어 내면 그 능력은 누구도 가질 수 없게 됩니다.


여러분 가운데 한 사람은 마법사입니다.

그는 여러분이 의논한 내용을 모두 알고 있습니다.

그는 아마도 역경의 난이도를 더 어렵게 만들 것입니다.

사회자는 마법사의 등을 쿡 찍어 줄 겁니다.

누가 마법사일까요?

여러분 모두 자신은 마법사가 아니라는 것을 증명하는 발언을 해주십시오.


여러분 모두 몸을 일으켜 서로의 눈을 직시하십시오.

마법사인 듯한 사람을 지목하여 주십시오.

만약 엉뚱한 사람을 지목하면 마법사는 여러분 중에서 누군가를 마법사로 만들 것입니다.

그러면 마법사가 둘이 됩니다.

만약 여러분이 마법사를 맞히면 그는 혼자서 여러분과 대적해야 합니다.

이제 순례자들에 의해 마법사로 지목된 학생이 일치하느냐 아니냐에 따라 다양한 구조로 이야기가 진행됩니다.

여기까지만 진행하더라도 웜업을 하면서 서로의 이야기를 나눌 수 있습니다. 여기서는 웜업의 한 방법으로 간단한 형식을 제시하였으나 훨씬 복잡하게 여러 차시로 나누어 수업을 구성할 수 있습니다.

이 활동은 소요 시간을 고려하여 모둠을 나누어 진행하면 30명 정도의 학급에서도 가능합니다. 그런 경우 세 개의 모둠으로 나누고 모둠마다 하나씩 배를 지정하여 각 배마다 한 명의 선장(사회자 역할)을 뽑아 진행합니다. 선생님은 전체를 진행하고 각 배의 선장은 소중한 이야기 제물과 능력 리스트 호명하기 등을 담당합니다.

## TIP

웜업은 어디까지나 교사가 해당 학급 학생들의 상태에 맞추어 적용하는 것이다. 이 책에서 추천하는 웜업은 얼마든지 교사의 재량에 따라 다른 것으로 적용이 가능하다. 보다 다양한 웜업 활동을 소개한 책들이 시중에 많이 출판되어 있으므로 교사는 적절한 방식을 몇 가지 익혀두고 시시때때로 활용하는 것이 가장 좋다.

# 02

## 시간과 공간을 넘나들자,
## 자유롭게!

**학기 초, 연극의 재미를 느껴봅니다**

백문이 불여일견입니다. 직접 체험하지 않은 것은 말로 아무리 설명해도 쉽게 이해하기 어렵습니다. 직접 몸으로 체험한 것은 쉽게 잊히지 않습니다. 더욱이 나 홀로 체험이 아니라 누군가와 함께 경험을 나누는 경우 더욱 생생합니다. 공부도 그렇습니다. 눈과 머리로 나 혼자 책상에서 한 공부는 시험을 치고 나면 잊어버리기 일쑤지만 친구들과 함께 어울려 몸으로 함께한 공부는 평생 내 것이 되는 법입니다.

말과 글에 그치지 않고 오감을 모두 이용하여 협력 활동으로 가득 채운 수업은 선생님들 모두의 꿈일지 모릅니다. 그런데 이런 꿈의 수업을 대뜸 실현하기가 참 어렵습니다. 왜 그럴까요? 이런 수업을 하려면 무엇보다도 학생과 선생님 사이에, 또 학생과 학생 사이에 친밀함과 신뢰가 쌓여야 합니다. 그렇지만 3월 내내 연극놀이만 할 수는 없습니다.

그래서 학년 초에는 교과수업을 진행하되, 연극놀이의 성격을 가미한 프로그램이 적합합니다. 아직 선생님과 학생, 혹은 학생들끼리는 서먹하기 때문에 대본을 구상한다거나 직접 연기를 하기는 어렵습니다. 이보다는 조금 단순한 활동이 좋습니다.

이 시기의 이상적인 수업은 학생들이 함께 어우러져 신나게 놀았는데, 자기도 모르게 교과 공부까지 하게 된 수업입니다.

학생들의 연극에 대한 부담은 최소화하고, 재미있으면서도 마냥 노는 것은 아닌 활동들을 여기에 소개합니다.

# **1** 타임 워프와 스페이스 워프

## 1〉수업 배경

역사와 지리는 연극을 활용하기에 비교적 용이한 교과입니다. 오히려 연극의 활용이 꼭 필요한 교과이기도 합니다. 이 두 교과가 다루는 내용은 학생들이 직접 체험하기 어려운 것들입니다. 이미 지나간 먼 과거의 사건들은 직접 체험하는 것이 불가능합니다. 또 지도상의 이런 저런 먼 나라와 고장들 역시 학생들은 직접 체험할 수 없습니다. 게다가 글자들, 도표, 지도로 가득한 교과서로만 공부하는 것은 너무 지루합니다.

그렇다면 교실에 머나먼 과거, 혹은 멀리 떨어진 고장의 상황을 가상으로 구현해 보는 것은 어떨까요? 학생들이 교과서에 소개된 내용을 그저 정리하고 암기하는 것이 아니라 상상력을 발휘하여 실제로 만들어 보는 것입니다. 이렇게 공부할 수만 있다면 역사, 지리 교과의 지식은 시험이 끝나더라도 쉽게 잊히지 않을 것입니다.

여기에 소개하는 수업은 교실에서 이미 지나가버린 과거의 시간 혹은 가 볼 수 없는 먼 고장 등의 공간으로 워프time warp, space warp한다고 가정하는 일종의 시뮬레이션simulation입니다.

교실에 시공간을 뛰어넘는 터널이 있다고 가정합니다. 이 터널을 통과하면 역사 속 특정한 시대 혹은 멀리 떨어진 장소에 갈 수 있습니다. 이때 워프를 통해 갈 수 있는 시공간을 인체나 우주로 좀 더 확장할 수 있습니다. 이때 학생들이 적혈구 · 백혈구로 변신하거나 우주선으로 변신하면 과학 교과에도 교육연극을 구현할 수 있습니다.

### 2) 수업 진행

① 워프를 소개합니다.

윔업 1, 4, 5가 좋다.

학생들에게 이 교실에는 시간과 공간을 얼마든지 뛰어넘을 수 있는 워프 기능이 있다고 선언합니다. 학생들과 일종의 연극적 약속을 체결하는 것입니다. "타임 워프! 3000년 전으로!", "스페이스 워프! 유럽!" 등의 구호를 정해서 학생들과 함께 외쳐보고, 이 구호가 나오면 교실이 3000년 전 혹은 유럽으로 워프 하는 것임을 공유합니다.

② 워프 목적지를 소개합니다.

선생님은 수업 내용에 따라 워프 할 곳을 다양하게 결정할 수 있습니다.

여기서는 2500년 전, 고대 아테네로 워프 하겠습니다. 고대 그리스 문명과 문화는 초·중·고등 교과 어디에서나 중요하게 다루는 부분입니다. 2500년을 거슬러 올라가서 고대 아테네인들의 삶을 재현해 보는 활동은 이후 매우 다양한 교과와 대학교 공부까지 도움이 됩니다.

선생님은 교실에 2500년 전 아테네로 이동하는 워프 기능이 있으며, 학생들은 모두 2500년 전 아테네 주민으로 다시 태어날 것임을 알려줍니다.

③ 학급 구성원을 4~6명의 모둠으로 편성합니다(30~35명 학급 기준).

학교에 따라 학급 인원이 다를 수 있지만 한 학급의 모둠은 총 여섯 개가 넘지 않도록 합니다. 각 모둠은 나중에 폴리스를 구성하는 여러 마을 혹은 씨족이 되기 때문에 모둠이 너무 많거나 적으면 곤란합니다.

모둠을 나누는 과정은 무작위 추첨 방식으로 합니다. 1~6까지의 숫자가 적힌 쪽지를 학생 수 만큼 준비하여 학생들이 스스로 뽑게 하거나, 컴퓨터 추첨 프로그램을 사용할 수도 있습니다. 이때 학생들의 평소 친교 관계가 모둠 편성에 영향을 주지 않도록 합니다. 모둠 추첨이 끝나면 학생들은 모둠별로 모여 앉습니다. 이때 교실은 다음 그림과 같이 배치합니다.

④ 기초자료를 조사합니다.

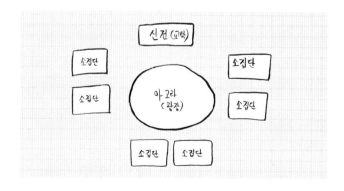

시간여행을 가려면 과거 사람들과 어울리기 위해서 그 시대에 대해 좀 알고 있어야 하겠죠? 고대 아테네에 대한 기본적인 내용을 조사하여 공유합니다. 교실 컴퓨터, 스마트폰 등을 최대한 활용하여 조사하고, 조사한 내용을 모둠원들끼리 공유하도록 합니다.

| 준비 | 「페리클레스의 전사자 추모 연설」,「솔론의 개혁」<br>발췌 부분은 교사가 따로 준비해서 학생들에게 배부한다. |
| --- | --- |

⑤ 신분을 추첨합니다.

2500년 전 아테네는 신분제 사회입니다. 그런데 이 신분은 본인의 능력과 무관하게 누구의 자녀로 태어나느냐에 의해 결정되는 것입니다. 그래서 2500년 전으로 가면 환생하게 될 신분을 무작위로 추첨하는 것입니다.

학생들은 타임 워프가 이루어지면 추첨한 신분에 따라 말하고 행동해야 합니다. 만약 6명보다 구성원이 많은 모둠이 있을 경우는 노예를 추가합니다.

선생님도 함께 타임 워프를 할 것이기 때문에 어떤 신분이 될지 정해야 합니다. 대개의 경우 선생님은 2500년 전 아테네에서 제사장의 역할을 담당하는 것으로 합니다. 어느 시대, 어느 지역으로 워프 하더라도 선생님의 역할은 그 지역에서 상황을 진행할 수 있어야 하기 때문입니다.

모둠 구성원의 실제 성별과 무관하게 남자 시민과 여자 시

| 신분 | 권리 | 학생 활동 | 인원 |
|---|---|---|---|
| 남자<br>시민 | 농장을 가지며 가족과 노예에 대해 가장으로서 권위를 가진다. 모든 남자 시민은 폴리스에서 관직에 선출될 권리와 국가 중대사를 결정하는 민회에서 발언하고 의결할 권리를 가진다. | 아고라에서 열리는 민회에 참석하며, 마을에 돌아오면 가장의 역할을 한다. 특히 노예에 대해서는 주인으로 행세한다. | 2 |
| 여자<br>시민 | 남자 시민과 신분은 같으나 관직에 선출되거나 선출할 수 없고 발언권과 의결권도 없다. 가족 내에서만 자유인의 신분이다. | 마을에서는 노예에 대해 주인으로 행세하지만 민회에는 참석하지 못한다. | 2 |
| 외국인 | 민회에 참석하여 발언할 수는 있으나 관직을 선출하거나 맡을 수 없고 의결권도 없다. | 민회에 참석하고 발언도 하지만 표결할 경우에는 손을 몇 번을 들건 간에 집계하지 않으며 공직에 입후보하여도 묵살된다. | 1 |
| 노예 | 아무런 권리도 없으며 주인의 가축으로 간주된다. 모든 육체노동을 전담한다. | 항상 다른 조원들에게 경어를 사용하여야 하며 교실의 자질구레한 육체노동을 도맡아서 한다. 시민이 허락하지 않으면 발언하지 못한다. 민회에 얼쩡거리면 처벌을 받는다. | 1 |

민도 제비뽑기의 결과에 따라 결정합니다. 남학생이 여성의 신분이 되고, 여학생이 남성의 신분이 되는 것은 역지사지易地思之의 기회이기도 하고 전복적 즐거움을 주는 경험이 됩니다.

직소를 이용할 경우에는 신분 추첨을 모둠 편성보다 먼저 해야 합니다. 신분 추첨을 통해 각 신분별 모둠을 구성하고 각 신분의 입장에서 그 시대에 대해 학습한 뒤, 각 신분이 골고루 포함되도록 모둠을 구성합니다. 이 방식은 자칫 복잡해질 수 있으므로 학기 초보다는 학기 중에 수업하는 것이 바람직합니다.

---

**직소란?**

---

직소<sup>Jigsaw</sup> 수업 모형은 경쟁이 없는 상태에서 학생 모두가 학습의 주체가 되어 서로 가르치고 배우는 '소집단 협동학습'의 한 형태를 말한다. 직소라는 이름은 모집단이 전문가 집단expert team으로 갈라졌다가 다시 모집단으로 돌아오는 모습이 마치 직소퍼즐(Jigsaw puzzle, 조각난 그림 끼워 맞추기)과 같다는 데서 유래했다.

⑥ 사전에 약속된 신호로 타임 워프를 발동합니다.

선생님의 선창에 다같이 "2500년 전 아테네로 워프!"하고 외칩니다. 이때 타임 워프가 이루어지는 적절한 효과음을 선생님이 미리 준비하면 좋습니다. 또 선생님이 간단한 의상이나 액세서리 등으로 정말 과거의 인물로 변신한 것 같은 느낌을 표현해도 좋습니다.

> **준비**   흰 천(어깨에 두를 만큼의 길이)
>
> 의상이나 액세서리는 특별하지 않아도 된다. 선생님이 어깨에 흰 천을 두르는 것만으로도 충분히 고대 아테네의 분위기를 연출할 수 있다.

⑦ 타임 워프 작동!

이제 선생님은 제사장, 학생들은 각각 추첨한 신분이 됩니다. 교실은 아테네가 되고 각 모둠은 씨족이나 마을이 됩니다.

교탁은 신전, 교실 가운데는 광장입니다.

⑧ 신탁이 내리다.

놀이 과제 혹은 활동 목표를 부여합니다. 선생님은 고대 아테네의 제사장이기 때문에 과제는 신탁의 형식으로 내려지는 것이 적절합니다.

선생님은 마치 제사장처럼 신 내린 모습과 목소리로 과제를 부여합니다. 과제는 학생들의 생활과 직결된 현실적인 것이 좋습니다. 예를 들면, 학기 초 학급 내의 문제, 앞으로의 수업 방법과 수행평가에 대한 안건, 담임선생님에게 드리는 건의사항 등 현실적인 내용이 의제가 될 수 있습니다. 이렇게 해야 아이들 안에서 토론할 거리가 생깁니다.

"오, 아테네 시민들이여! 아테네 여신이 계시하시기를 이리하였다. 지금으로부터 2500년 뒤 서울이라는 도시에 있는 ○○학교 ○학년 ○반 학생들의 ○○○한 문제에 대한 해결방안을 토론하여 제안서를 작성할지어다."

⑨ 씨족회의를 합니다.

각 모둠, 즉 씨족이나 마을 단위로 신탁에 대해 토의합니다. 민회에 제출할 씨족이나 마을의 안건을 결정합니다. 이때 씨족(마을) 구성원들은 다음의 행동 규칙을 지켜야 합니다.

| 신분 | 행동 규칙 |
|---|---|
| 남자 시민 | 마을회의를 주재하며, 마을회의가 끝나면 민회에 참석한다. |
| 여자 시민 | 마을회의에서 적극적으로 의사를 발표하지만 민회에는 참석하지 않는다. |
| 외국인 | 마을회의에서 적극적으로 의사를 발표하고 민회에 참석한다. |
| 노예 | 마을회의에서 시민이 허락하거나 지시하지 않으면 발언하지 못하며, 회의 내용을 기록한다. |

⑩ 민회를 구성합니다.

마을회의가 끝나면 마을에서 남자 시민과 외국인만 아고라(광장)에 모여서 민회를 구성합니다. 아고라는 교실 가운데에 배치하는 것이 좋습니다.

민회가 열리면 각 신분의 사람은 다음과 같이 행동합니다.

시민들이 모이면 민회의 의장을 비롯한 각종 공직을 선출합니다. 이때 선출 과정의 진행은 제사장이 합니다. 민회의 의결에 따라 필요하다고 판단되는 관직을 추가할 수도 있습니다. 사실상 시민 전원이 어떤 관직이든 맡는 게 좋습니다. 이것을 체험하는 것이 이 수업에서 가장 중요하기 때문입니다.

의 장 1인 │ 민회를 진행하며 폴리스를 대표합니다.
행정관 1인 │ 민회에서 결정된 사안을 집행합니다.
법무관 1인 │ 폴리스의 질서와 치안을 담당합니다.
배심원 3인 │ 재판의 평결을 담당합니다.

| 신분 | 행동 규칙 |
|---|---|
| 남자 시민 | 민회에 참석하며 발언권과 의결권을 행사한다. 민회에서 토론이 충분하지 않은데 의결에 들어가려 한다고 판단되면 반대토론을 적극적으로 제기한다. 필요한 임무에 따른 각종 공직을 선정할 때 출마하거나 선출에 참여한다. 시민의 가장 큰 미덕은 논쟁하는 것과 공직에 참여하는 것이다. |
| 여자 시민 | 마을을 벗어나지 않지만, 남자 시민이 민회에 나갈 때 자신의 뜻을 대신 전달한다. |
| 외국인 | 민회에 참석한다. 발언도 하고 토론도 하지만 의결할 때는 뒤로 빠진다. |
| 노예 | 아고라에 시민이 앉을 의자를 들고 나와서 민회가 열릴 회의장을 조성하는 일, 민회가 끝난 뒤 의자를 들고 마을로 돌아가는 일 등, 시민의 모든 수발을 든다. 외국인이 있는 마을인 경우는 외국인의 수발까지 들어야 한다. 민회가 열리고 있을 때는 시민의 뒤에 서서 대기한다. 노예는 마을에서 아고라로 이동하는 동안 주인에게 안건에 대한 의견을 말할 수 있는데, 이때 자기 주인에게만 말해야 하며 반드시 "한 말씀 올려도 되겠습니까?"라며 청하고 허락을 받은 뒤에 말해야 한다. 주인이 "안 된다."라고 하면 말할 수 없다. |

선출된 의장은 의제를 놓고 남자 시민과 외국인만 모인 민회에서 회의를 진행합니다.

이때 여자 시민과 노예의 역할을 맡은 학생은 회의 내용을 지켜보며 자신의 공책에 소감을 작성합니다.

⑩ 회의 결과를 제출합니다.

회의가 끝나면 의장은 결과를 확인하고 이를 제사장에게 보고합니다. 제사장은 이 결과를 타임캡슐에 넣어 2500년 뒤의 학생들에게 워프 시키겠다고 약속합니다.

⑪ 다시 타임워프가 작동합니다.

이번에는 "2500년 뒤 서울로 타임 워프!"라고 외칩니다. 이때 타임 워프가 되었다는 것을 보여주기 위해 선생님은 어깨에 두르고 있던 천을 벗습니다. 제사장에서 선생님으로 돌아온 뒤 아테네가 아니라 학교로 되돌아왔음을 선언합니다. 그리고 2500년 전으로부터 워프 되어 온 문서가 있다고 하면서 학생들에게 회의 결정 사항을 공포합니다.

⑫ 정리를 합니다.

학생들은 남자 시민, 여자 시민, 노예, 외국인 등 특정한 신분으로 경험한 2500년 전 아테네에 대한 감상을 공책에 기록한 뒤 발표합니다.


### 3) 수업 흐름도

| | 단계별 활동 내용 | 준비물 |
|---|---|---|
| 1차시 | 모둠 편성 | 숫자가 적힌 쪽지, |
| | ↓ | 컴퓨터 또는 스마트폰 |
| | 기초자료 조사 | |
| | ↓ | |
| | 신분 결정 | |
| 2차시 | 연극 상황 개시 | |
| | ↓ | |
| | 마을회의 및 민회 개최 | |
| | ↓ | |
| | 회의 결과 제출 | |
| | ↓ | |
| | 연극 상황 종료 | |

# 2

**트랜스포머 교실**

## 1〉수업 배경

많은 공간이 필요한 교육연극에서 교실의 3분의 2 이상을 차지하고 있는 책상과 의자들은 심각한 장애물입니다. 하지만 교과 교실이 정착되지 못한 우리나라에서는 한 교실에서 학생들이 온갖 교과 수업을 다 해야 합니다. 교육연극 프로그램을 위한 전용 교실 같은 것은 꿈도 꾸기 어렵습니다.

사정이 이렇다 보니, 교육연극이나 기타 특별한 프로그램을 운영하려면 먼저 책상과 의자들을 프로그램에 적합하도록 옮기는 것이 큰일입니다. 그리고 활동이 끝나면 다른 수업을 위해 다시 가지런히 돌려놓아야 합니다. 그러니 자칫하면 시작할 때 책상을 배치하고 끝난 뒤 책상을 원래대로 해놓은 일로 수업시간의 상당 부분을 허비할 수 있습니다.

학생들이 빠르고 효율적으로 책상 배치를 할 수 있도록 충분히 연습시킬 필요가 있습니다. 그런데 단지 책상 배치 연습만으로 수업시간을 사용하는 것은 아깝고 학생들도 힘들어합니다. 따라서 교과 수업과 연관된 내용을 다루면서, 일종의 놀이처럼 학생들이 책상을 옮기는 활동들을 몇 차례 해보도록 하겠습니다. 책상을 배치하는 연습이라는 느낌 없이 일종의 놀이이자 수업으로 활동하는 가운데 학생들은 어느새 책상 배치의 요령을 터득하게 됩니다.

이제부터 소개하는 수업은 학생들이 선생님의 지시에 따라 책상을 옮기면서 교실의 공간 구성을 조금씩 바꾸는 활동입니다. 이 수업은 앞에서 소개한 타임 워프 수업의 변형이기도 합니다. 타임 워프 수업이 어떤 특정한 시대를 상세하게 체험해 보는 것이라면, 이 수업에서는 타임 워프가 연속적으로 이루어지는 경험을 합니다. 연속적인 타임 워프가 이루어지기 때문에 학생들은 수시로 교실을 바꾸어야 합니다. 여기서는 참정권의 범위가 역사적으로 바뀌는 과정을 교실 공간 구성을 통해 익히도록 하겠습니다.

물론 이 수업은 정치 뿐 아니라 다른 영역에도 얼마든지 적용 가능합니다. 예컨대 의자와 책상을 전자와 핵으로 삼아서 다양한 분자, 그리고 화학 변화 등을 표현하거나 연속적인 화학 반응을 표현할 수도 있습니다.

책상 배치에 따라 공간의 특성이 빠르게 변한다는 뜻에서 영화 제목에서 따온 '트랜스포머'라는 이름을 붙였습니다.

> 오전 수업이라면 웜업 **1**
> 나른한 오후 수업이라면 웜업 **4, 5**가 좋다.

**2) 수업 진행**

① 학급 구성원을 4~6명의 모둠으로 편성합니다.

모둠 구성 방법은 앞에 나온 '타임 워프와 스페이스 워프'의 방법을 참고하면 됩니다.

② 교실이 시간과 상황에 따라 트랜스폼 될 것임을 알립니다.

때와 장소에 따라 책상의 배치, 학생들의 위치도 달라질 것이며, 선생님은 시간과 공간을 지배하는 초월자의 역할을 담당합니다. 초월자의 지시에 따라 신속하게 공간 배치를 해야 한다는 것을 일러줍니다.

③ 미리 준비한 학습지나 교과서 등을 통해 각 시대의 특징에 대해 간단하게 모둠별로 학습합니다.

각 시대에 따라 정치적 의사결정이 어떻게 달라지는가를 익힙니다. 대략 다음과 같이 시대 구분을 합니다. 선생님이 여기에 적합한 학습자료를 학생들에게 미리 제공하면 좋습니다.

| 시대 | 참여하는 구성원 |
| --- | --- |
| 고대 아테네 | 남자 시민 |
| 중세 봉건 사회 | 왕과 일부 가신 |
| 시민 혁명 이후 | 자산가나 유력한 시민 |
| 참정권 확대 운동 이후 | 노예 계급을 포함한 모든 남자 |
| 여권 운동 이후 | 여성을 포함한 모든 시민 |

④ 선생님은 지금부터 시간여행이 시작됨을 알립니다.

이때 적절한 음향 효과가 있으면 좋습니다. 신비로운 느낌을 주는 시그널 음악(예를 들면, 〈스타 트랙〉 OST)을 사용하면 효과적입니다. 선생님은 각 시대가 전개될 때마다 그 시대를 적절히 설명해 주거나, 그 시대와 관련된 슬라이드를 보여주는 것이 좋습니다. 선생님의 설명을 예시로 들어 보겠습니다.

### 고대 아테네

- 첫 번째 시간여행은 고대 아테네입니다. 앞에 소개한 타임 워프와 같이 책상을 배치합니다.

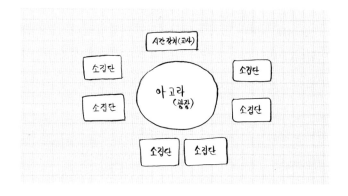

- 각 모둠에서 남자 시민들만 아고라에 모입니다. 모인 시민들은 주어진 주제에 대해 자유로이 토론합니다. 주제는 학급의 실정에 따라 적절하게 선정합니다. 경우에 따라서는 토의하는 시늉만 하고 있어도 무방합니다.
- 적절한 시점에 선생님이 시간이 흘러감을 알려줍니다.
- 다시 신비로운 배경음악이 나옵니다. 시간이 매우 빨리 흘러간다는 것을 학생들이 몸짓으로 보여주게 합니다. 선생님이 먼저 몸짓을 보여주는 것도 좋습니다.

## 중세 봉건 사회

● 두 번째 시간여행의 도착지는 중세 봉건 사회입니다. 원칙적으로는 봉건제와 절대왕정을 구별해야 하지만, 기본적으로 신분에 의한 통치가 이루어지는 시대라는 점에서 구별하지 않고 갑니다.

● 국가의 규모가 커짐에 따라 아고라로 상징되는 토의 공간의 크기가 상대적으로 줄어듭니다. 이 상황을 표현하기 위해 각 모둠의 책상들을 앞으로 전진시켜 아고라였던 공간을 절반으로 줄입니다.

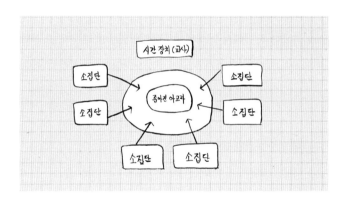

● 아고라였던 공간에 왕좌를 설치하고 왕과 그를 보좌하는 약간의 신하만 남기고 모두 모둠으로 돌려보냅니다. 누가 왕이 될 것인지는 학급 실정에 따라 임의로 혹은 투표로 결정합니다.

● 무엇을 의제로 회의를 할 것인지, 어떻게 결정을 내릴지는 모두 왕이 결정합니다.

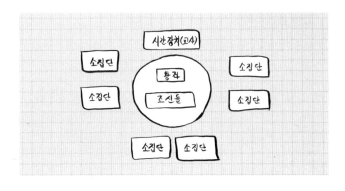

- 신하들은 왕의 명령에 따라 마을을 돌아다니면서 명령을 집행합니다. 이때 그 명령이 부당한 명령일지라도 무조건 집행합니다.

- 적절한 시점에서 선생님이 다시 시간이 흘러감을 표시합니다. 앞에서와 마찬가지로 배경음악과 함께 시간이 매우 빨리 흘러가서 근대가 됩니다.

### 근대 민주주의와 참정권의 확대

- 이제 시민혁명이 일어납니다. 각 마을의 시민(마을마다 1~2명의 남자 : 이들은 재산을 가진 시민입니다.)이 튀어 나와 왕좌를 치우고 왕을 몰아내고 아고라에 모입니다. 그러나 고대 아테네 때보다 좁아진 아고라이기 때문에 불편함을 느낍니다.

- 선생님이 배경음악과 함께 50년이 더 흘러가고 있음을 알려줍니다. 이때 마을에 남아 있던 다른 남자들이 불만을 토로합니다. 아고라에 나와 있던 남자들이 이들을 막으려

하지만, 자신들은 왕이 아니기 때문에 이를 막을 수 없습니다. 결국 참정권이 확대됩니다.

- 먼저 1848년 2월 혁명과 차티스트 운동 등의 결과 모든 성인 남성들에게 참정권이 부여됩니다. 모든 남학생들이 다 뛰어나와 아고라에 모입니다. 이제 아고라는 견디기 어려울 정도로 비좁아집니다.

- 선생님은 배경음악과 함께 다시 50년이 더 지나갔음을 알려줍니다.

- 여성 참정권 운동의 결과로 이제 여성들에게도 참정권이 주어집니다. 여학생들까지 모두 나와서 아고라에 모입니다. 이렇게 되면 전체 학급 구성원이 협소한 공간에 모여서 뭔가 협의를 시도해야 합니다. 학생들은 그것이 물리적으로 불가능함을 체험합니다. 이때 아고라가 좁아서 학생들이 빽빽함과 불편함을 많이 느낄수록 연극적 재미가 배가 됩니다.

- 선생님은 이를 해결할 방법이 없는지 학생들에게 물어봅니다.

## 대표 선출과 대의 정치 실시

- 학생들은 모두 다시 각자의 모둠으로 돌아갑니다. 학생들은 좁은 토의장에서 현실적으로 논의가 가능한 인원은 몇 명인지, 그리고 그 소수의 인원은 각 모둠 당 몇 명을 선발하는 것이 적절한지 논의합니다. 보통 모둠당 한 명이 적당

하다는 의견이 나옵니다.

- 다음은 각 모둠에 할당된 인원을 선정하는 방법에 대해 논의합니다. 가위바위보, 제비뽑기, 선거 모두 좋습니다. 결정된 방법에 따라 각 모둠별로 대표를 선출합니다.
- 토의장에는 선출된 대표만큼의 좌석을 마련합니다.
- 각 모둠에서 선출된 대표들이 토의장에 모입니다. 이것이 의회임을 선언합니다.

⑤ 선생님이 배경음악과 함께 시간여행의 종료를 알립니다.

시간여행이 종료되면 학생들은 최대한 빨리 책상을 원래의 배치 상태로 되돌려 놓습니다. 필요하면 선생님은 "시간여행 시작!", "시간여행 종료!"를 몇 차례 반복하여 학생들이 연극 수업과 일반 수업에 따라 책상을 달리 배치하는 것에 익숙해지도록 만듭니다.

⑥ 정리를 합니다.

선생님은 학습지를 배부하여 고대 아테네의 민주 정치와 오늘날의 민주 정치가 어떻게 다른지 확인하고 그 이유를 느낀 대로 정리하게 합니다.

## 3〉수업 흐름도

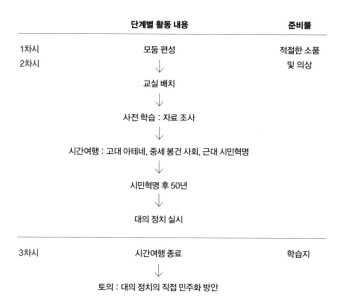

| | 단계별 활동 내용 | 준비물 |
|---|---|---|
| 1차시<br>2차시 | 모둠 편성<br>↓<br>교실 배치<br>↓<br>사전 학습 : 자료 조사<br>↓<br>시간여행 : 고대 아테네, 중세 봉건 사회, 근대 시민혁명<br>↓<br>시민혁명 후 50년<br>↓<br>대의 정치 실시 | 적절한 소품<br>및 의상 |
| 3차시 | 시간여행 종료<br>↓<br>토의 : 대의 정치의 직접 민주화 방안 | 학습지 |

# 03

## 연극으로
## 어려운 인문학도 쉽게!

**독서와 연극을 함께합니다**

3월에 다양한 웜업 활동과 연극놀이를 응용한 수업을 몇 차례 진행하고 나면 학생들의 몸과 마음이 열리고 선생님과 학생들 간의 친밀감도 형성됩니다. 개인에 따라 편차가 있겠지만, 그 중 제법 끼가 있는 학생들은 즉흥극에 나설 수 있을 정도까지 발전합니다. 물론 이는 선생님이 자기 벽을 깨고 충분히 연극적 활동에 동참했을 경우입니다.

4월, 5월에는 본격적으로 교육연극을 하면서 공부할 수 있는 때입니다. 이제 난이도를 높여서 선생님의 지시나 상황 설정은 가능하면 줄이고, 학생들이 스스로 스토리를 짜고 이를 연극적 방법으로 표현하는 수업을 시도해 보겠습니다. 이제부터는 연극놀이가 아니라 연극을 통해 다양한 교육적 효과를 꾀하는 수업들을 적용합니다. 3월이 연극도 하고 공부도 하는 시기라면, 4월부터는 연극을 하면서 공부하는 시기로 서서히 피치를 올릴 것입니다.

**TIP**

이 책에서 '연극놀이'는 본 수업 전의 웜업에 활용되는 몸과 마음 열기의 과정을 말한다. '교육연극'은 연극놀이를 포함한 웜업 단계 – 준비 및 연극을 만들고 공연하기–팔로우업 단계까지의 전 과정을 의미한다. 교육연극은 해당 학습 단원이나 주제에 맞도록 설계된 것이며, 연극을 활용한 교육활동 모두를 가리킨다.

# I

## 어려운 글(비문학 텍스트) 연극놀이

### 1〉수업 배경

초·중등학교에서 학생들이 읽어야 할 비문학 텍스트는 대체로 사회나 과학과 관련된 것들입니다. 이런 글들은 학생들에게 어려운 글, 지루하고 재미없는 글의 대명사지요. 특히 인문·사회 분야의 텍스트는 인간을 대상으로 하고 있기에, 글에서 이야기하고자 하는 삶에 대한 직·간접적인 경험이 없다면 완벽하게 이해하기 어렵습니다. 나이가 들수록 인문학 고전이 달리 보이는 까닭은 그만큼 직·간접적인 인생 체험이 쌓였기 때문입니다.

그러니 학생들에게 무작정 책을 읽으라고 할 것이 아닙니다. 차라리 책에서 다루는 삶을 체험하도록 하는 것이 현명합니다. 이때 연극을 활용하면 매우 좋은 효과를 기대할 수 있습니다. 연극을 통해 학생들은 책을 읽는 것이 아니라 직접 살아 보는 경험을 하게 될 테니까요.

### 2〉수업 진행

월업 **2**가 좋다.

① 선생님은 쉬운 요약본과 도표를 준비합니다.

선생님은 연극으로 표현해 볼 만한 인문·사회 고전 두 권을 선택합니다. 두 권을 선택하는 이유는 학급을 두 개의 모둠으로 나누어 두 개의 연극을 제작하고 이를 비교하도록 할 것이기 때문입니다. 하지만 하나의 책을 선택하고 같은 내용을 서로 다르게 표현하는 것을 비교하는 것도 가능합니다.

책의 선택 기준은 구체적인 스토리를 담고 있으면서, 인문·사회 분야의 명저가 좋겠습니다. 가능하면 이후 고등학교, 대학교에 가서도 계속 참고가 되는 그런 책으로 선정합니다. 대체로 정치나 경제 분야의 책들이 이 기준에 어울립니다. 철학 분야의 책은 스토리가 추상적이라 어린 학생들에게는 어렵습니다.

만약 선생님이 토마스 홉스의 『리바이어던』과 존 로크의 『통치론』을 선정했다고 가정해 보겠습니다. 물론 초·중등학교 학생들이 이 책들을 읽을 수 있으리라고 기대하는 선생님은 없을 것입니다. 따라서 선생님은 이 책의 핵심 내용을 따로 정리해서 학생들이 사용할 텍스트로 준비해야 합니다. 초등학생의 경우는 쉽고 짧게 쓴 것이 좋고, 중학생의 경우는 중요한 부분을 10쪽 분량으로 발췌하는 것이 좋습니다.

| 준비 | 『민주주의를 만든 생각들』(구민정, 권재원), 서울: 휴머니스트 |
| --- | --- |

인문·사회 고전은 쉽게 요약한 텍스트가 있어도 그걸 읽고 그 속에서 글의 논리를 파악할 수 있는 학생들이 흔하지 않습니다. 따라서 선생님은 학생들이 주어진 텍스트를 구조적으로 독해할 수 있도록 도표 혹은 간단한 줄거리 형식의 '사전 작업 지침서'를 작성하는 것이 좋습니다.

여기서는 아래의 그림과 같이 홉스와 로크의 책을 구조화한 도표를 예로 들겠습니다. 어떤 책이든 이렇게 구조화하여 읽도록 하면 학생들은 기대 이상으로 어려운 책들을 잘 읽어 냅니다.

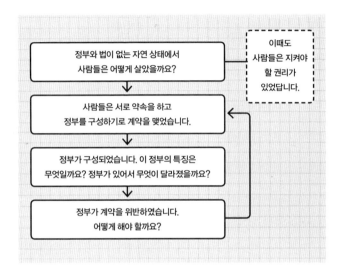

학생들이 책을 읽지 않고, 이 구조도만 보고 스토리를 이해해도 상관없습니다. 이렇게 이해한 스토리를 바탕으로 연극을 만들어 보고 충분히 흥미를 느낀 뒤에 책을 읽어도 되니까요.

② 두 개의 모둠을 만들고 각자 역할을 맡습니다.
한 학급을 두 개의 모둠으로 나눕니다. 각 모둠의 구성원들은 다음의 표와 같이 작가, 연출가, 배우의 역할을 맡습니

다. 홉스와 로크의 책을 가지고 연극을 만들기로 했으므로 모둠의 이름을 홉스 나라, 로크 나라로 짓습니다. 마찬가지로 다른 책을 선택했다면 그 책의 핵심단어로 모둠 이름을 짓습니다.

| 역할 | 홉스 나라 | 로크 나라 |
|------|-----------|-----------|
| 공통과제 | 홉스의 『리바이어던』을 바탕으로 5~7분가량의 간단한 연극을 제작 | 로크의 『통치론』을 바탕으로 5~7분가량의 간단한 연극을 제작 |
| 작가 | 텍스트에 대한 이해를 바탕으로 순서에 맞는 줄거리를 구성 | |
| 연출가 | 줄거리를 바탕으로 각 장면을 구상하고 배역을 결정하고 연습을 주도 | |
| 배우 | 실제로 각 장면을 재연 | |

③ 교실 공간을 배치합니다.

모둠 편성이 완료되면 교실 배치를 합니다. 아래 그림과 같이 양 옆으로 각 모둠을 배치하고, 교실 가운데는 비워둡니다. 이렇게 비어 있는 가운데 공간은 연습장이나 공연장으로

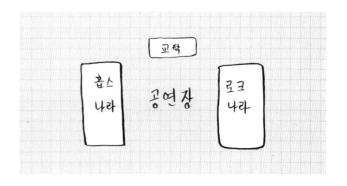

활용합니다. 앞으로 소개할 다른 교육연극 수업에서도 이와
같은 배치를 활용합니다.

④ 선생님은 학생들과 함께 자료를 분석하고 요지를 파악합
니다.

각 모둠에게 사전에 준비해 둔 텍스트, 학습자료, 도표 등
을 나눠줍니다. 학생들은 선생님이 나누어준 자료들을 보면
서 요지를 파악합니다. 이때 각자 읽는 것이 아니라 함께 읽
고, 서로 의견을 나누는 것이 중요합니다. 특히 작가 역할을
맡은 학생은 자신이 먼저 이해한 것을 다른 학생들이 이해할
수 있도록 설명해 주어야 합니다.

작가는 토의 결과를 정리하여 '원시 상태에서 정부가 만들
어지고 교체되는 과정'이라는 주제로 A4 1쪽 분량의 요약문
을 만듭니다. 다음은 요약문의 예시입니다.

홉스 『리바이어던』 중에서
자연은 인간을 신체적, 정신적으로 평등하게 만들었다. 간
혹 타인보다 더 강한 신체를 가지거나 더 영리한 사람이 발견
되지만, 전체적으로 종합하여 평가하면 사람과 사람의 차이
란 내가 주장할 수 없는 이익을 다른 사람이 주장할 수 있을
만큼 크지 않다.
　이렇게 능력이 평등하므로 자신의 목적을 달성하려는 희
망도 평등하다. 두 사람이 동일한 대상을 소유하고픈 욕구

를 가졌는데, 동시에 그 욕구를 충족시킬 수 없다면 그들은 적이 된다. 그리고 대부분 자신의 생존이나 쾌락만을 추구하려는 목적 달성 과정에서 다른 사람을 죽이거나 굴복시키고자 한다. 이렇게 서로 믿지 못하기 때문에 자신을 보호하는 가장 이성적인 방법은 선수를 치는 것이다.

따라서 모든 사람을 공포에 떨게 만들 공동의 힘이 없다면 사람들은 만인에 대한 만인의 투쟁 상태에 놓이게 된다. 그리고 전쟁은 단지 전투를 벌이는 동안만이 아니라 전쟁을 하려는 의지가 충분히 알려진 시기에도 벌어진다. 이런 전쟁이 가져오는 가장 나쁜 결과는 지속적인 공포, 폭력에 의한 죽음의 공포가 언제나 존재한다는 점이며, 이 경우 인간의 삶은 고독하고 비참하며 괴롭고 잔인하고 짧다.

자연 상태에서 모든 사람은 모은 것에 대해, 심지어 서로의 신체에 대해서도 권리를 가진다. 모든 사람의 자연권이 허용되는 한, 어떤 사람도 생명을 보장받을 수 없다. 그 결과 '평화를 추구하고 평화를 따르라.'는 첫 번째 자연법이 나타난다. 그리고 이 법으로부터 '평화와 자신의 방어를 위해 스스로 필요하다고 생각하는 한, 사람은 모든 사물에 대한 자연권을 다른 사람들과 똑같이 기꺼이 포기해야만 한다. 그리고 그가 자신이 다른 사람에게 허락한 자유만 갖는 것에 만족해야 한다.'라는 두 번째 자연법이 만들어진다.

어떤 것에 관한 자신의 권리를 포기함은 다른 사람의 그것에 대한 권리를 방해하지 않는 것이다. 권리는 그것을 포기하거나 다른 사람에게 양도함으로써 버려진다.

권리의 상호양도는 사람들이 '계약'이라고 부르는 것을 맺을 때 이루어진다. 그리고 한 계약 당사자가 계약된 물건을 넘겨주고 일정한 시간이 흐른 뒤 상대에게 그 약속을 이행하도록 할 때 신뢰가 생기는데, 이때 계약은 서로에게 약속 또는 서약이라 불린다.

국가의 목적은 모든 사람의 안전이다. 사람을 움직이는 궁극적인 동기나 목적은 자신의 생존과 그로 인한 만족스러운 삶이다. 그런데 자연법은 이런 생존을 보장하지 못한다. 자연법에 복종하도록 만드는 어떤 힘의 위협이 없다면, 즉 힘에 대한 공포가 없다면 자연법은 편파성이나 자만심, 복수심 등을 막지 못한다. 칼을 가지지 않은 계약은 말에 지나지 않아 인간을 보호할 힘이 없다.

그러므로 인간의 인위적인 합의를 영원하고 지속적인 것으로 만들려면 서약 외에 다른 것이 요구된다. 그것이 바로 인간에게 두려움을 주고 그들의 행위가 공동의 이익을 따르도록 지도하는 공동의 권력이다.

외부의 침입과 서로의 분쟁을 막을 수 있는 공동의 권력을 세우는 유일한 방법은 그들 모두의 권력과 힘을 한 명의 인물 또는 하나의 집단에게 양도해 다양한 목소리를 가진 그들의 의지를 하나의 의지로 단순화하는 것이다. 이것은 동의나 합의 이상의 것이며 계약을 통해 하나의 인격으로 탄생한 만인의 통일이다. 그것은 마치 "당신도 나와 마찬가지로 당신의 모든 권리를 그에게 주고, 그가 하는 모든 행동에 권위를 싣는다는 조건으로 나는 내 자신을 지배하는 권리를 이 사람 또는 이 집단에게 양도한다."라고 말하는 것과 같다. 이렇게 하나의 인격으로 통일된 대중은 국가나 시민이라고 불린다. 이것이 바로 위대한 '리바이어던'의 탄생, 보다 경건하게 말하자면 우리가 '불멸의 신'에게 의지하듯 우리의 평화와 안전을 맡길 '죽을 운명을 가진 신'의 탄생이다.

국가를 정의하자면 다수의 사람들이 서로 계약을 맺어 모든 사람을 국가의 건설자로 만들 때, 공동의 평화와 안전을 위해 필요하다고 생각되는 모든 힘과 수단을 사용할 수 있는 하나의 인격이다. 그리고 이러한 인격을 가진 사람을 주권자라 부르고 그 밖의 다른 모든 사람들을 국민이라 부른다.

## 로크『통치론』중에서

나는 정치권력을 다음과 같이 규정한다. 그것은 사형 및 그 이하의 모든 처벌을 가할 수 있는 법률을 제정하는 권리이며, 또 재산을 규제하고 보전할 목적으로 그러한 법률을 집행하기 위해서 그리고 공공의 국가를 외적의 침입으로부터 방어하기 위해 공동체의 무력을 사용하는 권리이며, 이 모든 것을 오직 공공선을 위해서만 행사하는 권리다.

정치권력을 올바로 이해하고 그 기원으로부터 출발하기 위해 우리는 모든 인간이 자연적으로 어떤 상태에 처해 있는

가를 고찰해야 한다. 그러한 상태란 사람들이 타인의 허락을 구하거나 그의 의지에 구애받지 않고 자연법의 테두리 안에서 스스로 적당하다고 생각하는 바에 따라서 자신의 행동을 규율하고 자신의 소유물과 인신을 처분할 수 있는 완전한 자유의 상태다. 그것은 또한 평등의 상태이기도 한데, 거기서 모든 권력과 권한은 호혜적이며 무릇 어느 누구도 다른 사람보다 더 많이 가지지 않는다.

이 자연 상태는 자유의 상태지 방종의 상태가 아니다. 그 상태에서 인간은 자신의 인신과 소유물을 처분할 수 있는 통제받지 않는 자유를 가지고 있지만, 자신을 파괴할 수 없으며, 또 그의 소유 하에 있는 어떤 피조물도 살해할 수 없다. 자연 상태에서는 그것을 지배하는 자연법이 있으며 그 법이 모든 사람을 구속한다. 그리고 그 법, 즉 이성은 조언을 구하는 모든 인류에게 인간은 모두 평등하고 독립된 존재이므로 어느 누구도 다른 사람의 생명, 건강, 자유 또는 소유물에 위해를 가해서는 안 된다고 가르친다. 모든 사람은 타인의 뜻이 아니라 그의 뜻이 지속되는 동안 살도록 되어 있다. 그리고 인간은 비슷한 재능을 부여받았고 모두 하나의 자연공동체를 공유하므로 인간들 사이에서는 서로를 죽일 수 있는 권한을 부여하는 어떠한 복종관계도 상정될 수 없다.

모든 사람은 자신을 보존해야 하며 고의로 자신의 위치를 떠나서도 안 된다. 따라서 비슷한 이유로 그 자신의 보존이 위태롭지 않을 때 인간은 가능한 한 최대한 다른 사람들을 보존해야 하며, 공격자에 대한 정당한 반격이 아니라면 다른 사람의 생명 또는 생명을 보존하는 데 필요한 것, 곧 그의 자유, 건강, 신체 또는 재물을 빼앗거나 손상시켜서는 안 된다.

그리고 만인이 다른 사람의 권리를 침해하거나 다른 사람에게 해악을 가하는 것을 억제하고 모든 인류의 평화와 보존을 지향하는 자연법의 준수를 확보하기 위해서, 자연 상태에서 자연법의 집행은 모든 사람의 수중에 맡겨져 있다. 따라서 모든 사람은 자연법의 위반을 막기 위해서 필요한 만큼 그 법의 위반자를 처벌할 권리를 가지고 있다.

인간은 완전한 자유와 자연법 상의 모든 권리 및 특권을 간섭받지 않고 누릴 수 있는 자격을 다른 어떤 사람 또는 세계의 많은 사람들과 더불어 평등하게 가지고 태어났다. 그리고 인간은 본래 타인의 침해와 공격으로부터 그의 재산, 곧 생명, 자유, 자산을 보존할 권력뿐 아니라 다른 사람들이 그 법을 위반한 것을 심판하고, 그 위반행위가 의당 처러야 한다고 그가 확신하는 바에 따라 다른 사람을 처벌할 수 있는 권력도 가지고 있다. 그리고 그가 생각하기에 사건의 가증스러움이 사형을 요구하는 범죄인 경우 심지어 사형으로 처벌할 수 있는 권력도 가지고 있다. 그러나 어떠한 정치적 사회도 그 자체 내에 재산을 보존할 권력 그리고 이를 위해 그 사회의 모든 범죄를 처벌할 수 있는 권력을 가지지 않고서는 존재하거나 존속할 수 없다. 따라서 각각의 구성원이 이 자연적 권력을 포기하고 공동체가 제정한 법에 따라 모든 사건에 관해 그 보호를 호소할 수 있는 공동체의 수중에 그 권력을 양도한 곳, 오직 그곳에서만 정치사회가 존재하게 된다. 그리하여 특정한 개별 구성원의 사적 재판권은 완전히 배제되고 공동사회가 일정한 지속적인 규칙에 의해 모든 당사자에게 무사 공평한 재판관이 된다. 또한 공동체는 이러한 규칙의 집행을 위해 자신의 권위를 위임받은 사람들로 하여금 그 사회 구성원들 간에 권리를 둘러싸고 발생하는 모든 분쟁을 결정하도록 하며, 어떤 구성원이 사회에 저지른 범죄를 법률이 규정한 벌칙에 따라 처벌하도록 한다.

그러므로 일부 사람들에 의해 세계의 유일한 지배형태인 양 간주되는 절대군주제가 실로 시민사회와 양립 불가능하며, 따라서 결코 시민적 지배형태가 될 수 없음은 명백하다. 시민사회의 목적은 자연 상태에서 모든 사람이 자신의 사건에 관해 재판관이 되면서 나타나는 폐단을 피하고 치유하는 데 있다. 이 목적은 그 사회의 모든 사람들이 각자 침해를 받거나 분쟁이 일어나면 호소할 수 있는 권위를 확립하고 사회의 구성원은 모두 그 권위에 복종함으로써 달성된다. 어떤 사람이든 그들 사이에 발생하는 분쟁을 해소하기 위해 호소할 권위를 가지지 못한 자들은 어디에 있든지 여전히 자연 상태에 있는 셈이다. 그러므로 모든 절대군주는 그의 지배하에 있는 사람들에 대해 자연 상태에 놓여 있다.

앞에서 말한 것처럼 본래 인간은 모두 자유롭고 평등하고 독립된 존재이므로 어떤 인간도 자신의 동의 없이 이러한 상태를 떠나서 다른 사람의 정치권력에 복종할 수 없다. 어떤 사람이 자신의 자연적 자유를 포기하고 시민사회의 구속을 받아들이는 유일한 방도는 재산을 안전하게 향유하고 공동체에 속하지 않는 자들로부터 좀 더 많은 안전을 확보하면서, 그들 상호 간에 편안하고 안전하고 평화스러운 삶을 영위하기 위해 다른 사람들과 함께 공동체를 결성하기로 합의하는 것이다. 일정한 수의 사람들이 하나의 공동체나 정부를 구성하기로 동의할 때, 그들은 즉시 하나의 단체로 결합되어 하나의 정치체를 결성하게 되며, 거기서는 다수가 여타 사람들을 움직이고 결정할 권리를 가진다. 어떤 공동체든 그것을 움직이게 하는 것은 그 구성원들의 동의뿐인데, 한 단체는 한 방향으로 나갈 수밖에 없으므로 가장 커다란 힘, 곧 다수의 동의가 그것을 이끄는 방향으로 움직이지 않을 수 없기 때문이다. 실상 공동체를 결성한 각 개인은 동의를 통해 그렇게 되어야 한다고 합의한 셈이다. 그러므로 동의에 의해 모든 개인은 다수가 결정하는 바에 구속된다.

그러므로 모든 개인은 다른 사람들과 하나의 정치체를 결성하여 하나의 정부 하에 있는 데에 동의함으로써, 다수의 결정에 승복하고 구속될 의무를 그 사회의 모든 구성원에 대하여 부담하게 된다. 그렇지 않다면, 곧 그가 이전의 자연 상태에 있었을 때와 마찬가지로 자유롭게 남아 있고 아무런 구속을 받지 않는다면, 다른 사람들과 더불어 하나의 사회를 결성한 원초적 계약은 무의미하며 협정이라 말할 수도 없을 것이다.

사람들은 사회에 들어갈 때 그들이 자연 상태에서 가졌던 평등, 자유 및 집행권을 사회의 선이 요구하는 바에 따라 입법부가 처리할 수 있도록 사회의 수중에 양도한다. 그러나 그것은 오직 모든 사람이 그의 재산을 더욱 잘 보존하려는 의도에서 행하는 것이다. 공동체의 물리력은 오직 국내에서는 그런 법의 집행을 위해, 대외적으로는 외국의 침해를 방지하거나 시정하고 공동체의 안보를 침입이나 침략으로부터 보장하기 위해 사용해야 한다. 이 모든 것은 인민의 평화, 안전 및 공공선이 아닌 다른 목적을 위해 행사되어서는 안 된다.

입법권은 일정한 목적을 위해서만 활동할 수 있는 단지 신탁된 권력이므로 입법부가 그들에게 맡겨진 신탁에 반하여 행동하는 것이 발견될 때 입법부를 폐지하거나 변경할 수 있는 최고의 권력은 여전히 인민에게 있다. 권력이 그 목적을 명백히 소홀히 하거나 위반하면 신탁은 필연적으로 철회되며, 그 권력은 그것을 내준 자들의 손에 되돌아가기 때문이다. 그리고 권력을 회수한 자들은 자신들의 안전과 안보를 위해 최선이라고 생각하는 곳에 그 권력을 새롭게 맡길 수 있다.

인간이 사회에 들어가는 이유는 그들의 재산을 보존하기 위함이다. 그들이 입법부를 선출하고 권한을 부여하는 목적은 그 사회의 모든 구성원들이 가진 재산의 보호수단이자 울타리로서 그 사회의 각 구성원들이 행사하는 권력을 제한하고 지배력을 억제하는 법률을 제정하고 규칙을 만드는 데 있다.

입법자들이 인민의 재산을 빼앗거나 파괴하고자 기도할 경우 또는 인민을 자의적으로 권력 하에 놓인 노예로 만들고자 할 경우, 그들은 스스로를 인민과의 전쟁상태로 몰아넣는 것이며, 인민은 그로 인해 더 이상의 복종의무로부터 면제되며, 무력과 폭력에 대비하여 신이 모든 인간을 위해 마련해 둔 공통의 피신처로 대피할 수밖에 없게 된다. 그러므로 입법부가 야심, 공포, 어리석음 또는 부패로 인해 인민의 생명, 자유 및 자산에 대한 절대적인 권력을 자신들의 수중에 장악하거나 아니면 그 밖의 다른 자들의 수중에 넘겨줌으로써 사회의 기본적인 규칙을 침해하게 되면 언제나 그들은 인민이 그것과는 상반된 목적으로 그들의 수중에 맡긴 권력을 신탁 위반으로 상실하게 된다. 그 권력은 인민에게 되돌아가며 인민은 그들의 원래의 자유를 회복할 권리와 새로운 입법부를 설립함으로써 바로 그들이 사회에 가입한 목적에 다름 아닌 그들 자신의 안전과 안보를 강구할 수 있는 권리를 가지게 된다.

정부의 목적은 인류의 복지다. 그렇다면 인민이 항상 폭군의 무제한적 의지에 신음하는 것과 통치자가 권력을 방만하게 행사할 때 그리고 권력을 인민의 재산 보존이 아니라 파괴를 위해 사용할 때 종종 저항을 하는 것 중 어느 것이 인류에게 최선인가? 모든 사람은 스스로를 방어하고 침략자에게 저항할 권리가 있다. 인민이 일정한 경우에 저항할 수 있으며 군주에 대한 모든 저항이 반란이 아니라는 점은 명백하다.

> **준비**  교사는 필요한 경우 까다로운 개념어를 일러주고, 자료의 독해를 도와준다.

④ 텍스트의 내용을 다섯 장의 그림으로 요약합니다.

이 다섯 장은 앞의 순서도 그림과 같이 교사가 미리 나누어준 내용 분석 기준을 따르도록 합니다.

작가는 모둠 구성원들이 그린 다섯 장의 그림들을 모두 모읍니다. 대체로 약 80컷 정도의 그림을 모을 수 있는데(각 모둠당 16명 기준), 작가는 모둠원들과 토론을 통해 이 80컷 중에서 앞의 순서도를 가장 잘 대표하는 다섯 장의 그림을 확정짓습니다.

80컷 중 다섯 컷을 선정할 수도 있지만, 모둠원들이 함께 새로이 다섯 장을 그릴 수도 있습니다. 이때 그리는 그림은 내용 구성을 위한 도구이므로 지나치게 잘 그리려고 애쓰지 않도록 합니다. 이제 이 그림 다섯 장이 한 세트를 이루면서 연극의 각 장면이 됩니다.

⑤ 작가는 연출가와 협의해서 이 그림들을 바탕으로 줄거리를 확정 짓습니다.

그밖에 각 장면의 등장인물, 그 등장인물의 말과 행동을 결정한 뒤, 이를 배우들에게 설명합니다. 연출가는 각 장면을 좀 더 구체적으로 구상하고, 배우들에게 배역을 할당합니다.

> **준비** 이 연극은 문학적 표현이 목적이 아니다. 대사는 가능하면 가장 핵심적인 내용과 관련하여 간단하게 하는 것이 좋고, 주로 정치·경제·사회적 상황을 행동과 몸짓을 통해 보여주는 쪽으로 구상하도록 하는 것이 좋다.

⑥ 타블로 만들기를 합니다.

먼저, 작가와 연출가를 중심으로 그림을 실제 연기로 표현해 봅니다. 배우들은 그림 속의 등장인물들을 비롯하여 배역을 맡습니다. 그리고 그림 속의 장면을 정지된 동작으로 표현하여 마치 그림을 조각으로 옮겨놓은 것 같은 모양을 만들어 봅니다. 이것을 '타블로(조상) 만들기'라고 합니다.

⑦ 다섯 번의 타블로를 만들고 사진으로 촬영합니다.

첫째 그림의 타블로 만들기가 끝나면 둘째 그림으로 넘어가면서 총 다섯 번의 타블로 만들기 활동을 합니다. 학생들 중 한 명은 타블로 만들기에 참여하지 않고, 타블로를 만들 때마다 이를 사진으로 촬영합니다. 이로써 각 모둠에는 그림 다섯 장과 이것을 바탕으로 만들어본 조상 사진 다섯 장이 생깁니다.

⑧ 그림 다섯 장, 사진 다섯 장을 펼쳐 놓고 줄거리와 상황극을 완성합니다.

모둠별로 둘러앉아서 가운데에 그림 다섯 장을 펼쳐 놓습니다. 그리고 촬영한 사진들과 그림을 비교하면서 각 장면에서 어떤 이야기가 진행되고 있는지 각자의 공책에 작성한 뒤, 이를 바탕으로 전체적인 줄거리를 구성합니다.

이렇게 구성된 줄거리를 바탕으로 앞서 만들었던 정지 장면들을 발전시켜 상황극으로 완성합니다.

⑨ 공연을 합니다.

각각의 상황극을 "국가의 탄생 : 홉스 버전," "국가의 탄생 : 로크 버전" 같은 식의 제목을 붙이고, 이를 학급 구성원들이 모두 보는 가운데 발표합니다.

한 모둠이 공연할 때 다른 모둠은 관객이 됩니다. 이때 관객은 수동적으로 관람하는 것이 아니라 연극에 참여하고 개입하면서 공동 창작자의 역할을 합니다.

연기자들은 준비된 연극을 한 번에 공연하지 않고, 먼저 각 장면별 조상을 보여줍니다. 관객들은 이 정지 장면을 보면서 내용을 유추해 보고, 각 등장인물이나 상황에 대해 질문할 수 있습니다. 질문을 받은 등장인물만 움직이거나 말하는 조각이 되어 잠시 연기하고 다시 조각으로 돌아갑니다. 어느 정도 질문이 끝나면 장면을 플레이합니다. 관객들은 장면이 끝난 다음 다시 질문을 할 수 있습니다.

연극을 준비한 쪽은 누가 봐도 쉽게 내용을 이해할 수 있도록 만들었다고 생각해도 관객은 무슨 내용인지 모를 수 있습니다. 따라서 관객의 질문이나 문제제기를 받으면 발표한 모둠은 이미 발표하고 연습했던 연극 내용 대신 의미가 보다 분명해질 수 있는 대사와 행동을 즉석에서 수행하여야 합니다.

이렇게 한 과정이 끝나면 관객과 발표자의 역할을 바꾸어서 다음 모둠이 발표합니다. 이러한 과정을 거치면서 두 그룹의 연극은 점점 구체적이고 완성도 높은 줄거리를 갖추어 나갈 수 있게 됩니다.

⑩ 팔로우업을 합니다.

연극을 서로 교환한 것만으로는 배움이 완결되지 않습니다. 활동 뒤에는 이 활동을 정리하는 팔로우업이 필요합니다.

먼저 연습할 때 촬영했던 각 장면별 조상을 이어 가며 작품을 정리합니다. 이때 자기 모둠의 사진들 뿐 아니라 상대방의 작품 사진들도 함께 정리합니다.

끝으로, 선생님이 먼저 나눠주었던 순서도의 구체적인 내용을 정리합니다. 자신이 참여했던 연극과 관람했던 연극의 각 장면이 순서도의 어디에 해당되는지, 그리고 두 모둠이 발표한 내용이 순서도의 각 부분에서 어떤 공통점과 차이점을 가지는지 정리합니다.

## 3〉 수업 흐름도

| | 단계별 활동 내용 | 준비물 |
|---|---|---|
| 1차시 | 두 개의 모둠 편성, 자료 읽기 ↓ 5개의 타블로(조상) 만들기 ↓ 사진이나 그림으로 5개 장면의 스틸컷 만들기 ↓ 사진이나 그림을 펼쳐서 이야기 잇기 | 읽기 자료, A4용지, 카메라 |
| 2차시 | 상황극 만들기 | 읽기 자료, A4용지, 카메라 |
| 3차시 | 공연 : 2개의 모둠이 각각 상대편을 관객으로 공연 (관객의 능동적 참여) ↓ 팔로우업 : 공연 후 순서도를 그리며 정리 | 순서도 양식, 학습지 |

## 1〉수업 배경

어른들은 그리 멀지 않은 과거라고 생각하는 시대가 아이들에게는 아주 까마득히 먼 옛날인 경우가 많습니다. 선생님들의 부모 세대가 당연하게 말하는 전쟁과 가난의 시대가 전혀 실감나지 않듯이, 선생님 세대가 당연하게 말하는 민주화 운동 역시 아이들에게는 전혀 실감나지 않을 것입니다.

이 수업은 4.19 혁명의 도화선이 되었던 김주열 학생의 사건을 모티브로 극적 구성을 함으로써 당시의 상황을 체험하는 것입니다. 교실은 1960년 당시의 어느 고등학교 교실로 설정하고 선생님은 그 교실에서 일어나는 연극적 상황을 주도하는(학생의 반응을 끌어내는) 배우 역할을 담당합니다.

수업의 후속작업으로 라디오 방송 보도 내용을 작성하도록 하여 당시의 상황을 모둠별로 정리할 수 있게 합니다.

## 2〉수업 진행

① 1960년 당시로 가서 호외신문을 만듭니다.

학생들이 조사해온 자료를 이용하여 신문을 만드는 활동입니다. 선생님은 B4용지를 나누어주고 학생들은 색연필 등을 이용하여 그림(기사의 사진 역할)을 그리고 3.15 부정선거를 알리는 호외신문을 만듭니다.

신문은 다음과 같이 구성합니다.

- 기사 타이틀
- 선거 결과
- 선거 과정에서의 부정과 허위 보도들
- 학생과 시민들의 반발과 탄압

4.19 혁명의 배경과 전개 과정 및 결과를 미리 조사해 오는 과제를 내준다. 수업 전 적어도 일주일 전에 과제를 내주는 것이 좋다.

4.19 혁명을 다르게 생각해 보는 '만약에' 게임을 한다.

예를 들면 이런 질문을 던진다. '만약에 이승만 정권이 3.15 부정선거를 하지 않았다면 어떻게 되었을까?.'' 만약에 4월 18일에 고려대 학생들이 깡패에게 맞는 것을 보고 4월 19일에 봉기하려던 서울대 학생들이 겁을 먹었다면 어떻게 되었을까?'

'만약에' 게임에서 나온 의견들로 상황을 구성하여 움직이는 조각상을 만들어본다.

② 드라마의 설정을 만듭니다.

[장면#1] 시민들이 3.15부정선거를 의심하고 있는 상황에서 학생들이 만든 호외신문이 배포되면서 드라마가 시작됩니다. 배경은 어떤 고등학교입니다. 이 학교에 호외신문이 뿌려집니다. 이때 선생님은 이 고등학교의 교사 역할을 맡아 연기를 합니다. 다음은 설정의 예시입니다.

- 새로 부임한 임시교사로서 원래 있던 담임교사가 어떻게 되었는지 알 수 없는 상황이거나, 원래 담임교사로서 종례

시간을 진행하는 상황일 수도 있습니다.

- 두 가지 설정 모두 교사의 역할은 "지금 사회적으로 혼란스러운 시국이지만 여러분은 고3이므로 열심히 공부에만 전념하기 바란다."라고 하면서 일단 시위를 반대하는 입장입니다.

- 학생들은 모두 고3의 나이로 설정합니다. 만약 이 수업이 중학교 교실에서 행해질 경우, 실제 나이보다 몇 살 더 많은 열여덟 살의 나이에 맞는 역할을 수행하도록 학생들에게 미리 알려둡니다.

**장면#2** 다음 날 학교에는 휴교령이 내려졌습니다. 선생님이 행방불명되었습니다. 대신 들어온 다른 선생님이 학생들을 안정시키려고 합니다. (혹은 담임선생님이 간신히 교실로 돌아와서 이야기를 전개할 수도 있습니다.)

그런데 학급에 결석생이 있습니다. 학생들은 술렁거립니다. 결석생도 담임선생님처럼 행방불명이라고 알려졌습니다. 학생들은 행방불명된 선생님과 학생의 행방, 그리고 그들의 행동에 대해 궁금해 합니다.

**장면#3** 행방불명되었다는 학생의 책상 속에서 쪽지를 하나 발견합니다.

제 어머니께 전해 주세요.

어머니, 데모에 나간 저를 책하지 마시옵소서. 우리들이 아니면 누가 데모를 하겠습니까?

제가 아직 철없는 줄 압니다. 그러나 국가와 민족을 위하는 길이 무엇인지는 알고 있습니다.

저는 목숨을 바쳐 싸우려고 합니다. 저와 모든 학우들은 죽음을 각오하고 나갑니다. 데모하다가 죽어도 한이 없습니다.

어머님, 저를 사랑하시는 마음으로 무척 비통하게 생각하시겠지만 지켜봐주세요.

이미 저의 마음은 거리에 나가 있습니다. 너무도 조급하여 손이 잘 놀려지지 않는군요.

거듭 말씀드리지만, 저는 이미 목숨을 바치려고 결심했습니다. 손이 떨려서 더 이상은 쓸 수가 없어요.

누가 발견하든지 이 편지를 꼭 어머니께 전해 주세요.

1960년 4월

○○○ 올림

**장면#4** 교장선생님이 교실에 나타납니다. (학생 중 교장선생님의 역할을 할 사람을 미리 뽑아 교장선생님 입장에서 하고자 하는 말을 정리하게 합니다.)

교장선생님은 술렁거리는 학생들을 진정시키고 행방불명된 학생과 친했던 학생을 불러 그동안 그 학생의 행동과 생각에 대해 묻습니다. 그러고는 학업에 열중하도록 선생님에게 엄한 주의를 줍니다. 그러자 선생님은 이런 상황에서 더 이상 교단에 설 수 없다고 저항합니다.

③ 드라마는 열린 마무리를 맺습니다.

이제부터 활동이 시작됩니다. 선생님은 학생들에게 질문합니다. "이후에 어떤 일이 일어났을까?"

④ 의견을 나누고 방송을 만듭니다.

학생들을 4인 1조로 만들어서 각 조별로 열린 결말 이후의 이야기를 만들어 보게 합니다. 그 이야기를 라디오 뉴스 보도 내용으로 작성합니다. 이때 두 가지 설정으로 각각 보도 내용을 작성합니다.

첫째, 1960년 당시의 사회에서 공식적인 라디오 뉴스로 보도 가능한 내용을 작성합니다.

둘째, 1960년 당시의 사회에서 학생들만 들을 수 있는 비공식적인 라디오 방송이라고 상상하고 보도 내용을 작성합니다.

⑤ 라디오 방송을 조별로 발표합니다.

⑥ 학생들은 방송을 듣고 소감문을 쓰고 발표합니다.

## 3> 수업 흐름도

| | 단계별 활동 내용 | 준비물 |
|---|---|---|
| 1차시 | 만약에 게임<br>3.15 부정선거 당시의 호외 만들어 발표<br>↓<br>선생님의 연기와 쪽지 읽기<br>↓<br>교장선생님의 방문<br>↓<br>열린 마무리 다음에 모둠 만들기<br>공식·비공식 두 가지 방송 내용 정리 | 적절한 소품<br>및 의상 |
| 2차시 | 라디오 방송 보도 6~7개 모둠 각각 발표<br>(모둠 당 3~4분씩 할당)<br>↓<br>라디오 방송 청취 후 소감문 작성 | 학습지 |

## 1) 수업 배경

이 수업은 동화나 소설의 주제를 연극으로 재구성하는 활동입니다. 소설이나 동화 등 문학작품을 연극으로 옮기는 것은 국어 수업에서 이미 많이 활용하고 있습니다. 그러나 이 수업은 문학작품을 단순히 연극으로 옮기는 것에 그치지 않고, 문학작품의 특정한 요소, 특정한 장면을 연극을 구성한다는 점이 다릅니다.

사실 초·중학교 학생들이 소설이나 동화를 연극으로 옮기는 일은 매우 어렵습니다. 무엇보다도 문학작품과 연극은 전혀 다른 장르이기 때문에 무엇을 어떻게 옮겨야 할지 막연하기만 합니다. 하지만 소설이나 동화의 어떤 주제나 상황을 연극으로 재구성하라고 하면, 학생들은 요구를 구체적으로 받아들이고 해당 작품을 분석적인 눈으로 바라보게 됩니다.

예컨대『반지의 제왕』을 연극으로 옮겨보라는 요구는 터무니없지만, 간달프, 사루만 두 마법사의 입장 차이를 연극으로 옮기라고 한다면 한번 해 볼 만한 도전이 되는 것입니다. 바로 이 점에 착안하여, 동화나 소설 중에서 특별한 요소만을 추출하여 이것을 연극으로 만드는 수업입니다.

이번 수업에서는 주어진 동화나 소설을 '재판 장면'으로 재구성하겠습니다. 「베니스의 상인」처럼 실제 재판 장면이 나오는 소설을 원 텍스트로 삼을 수도 있고, 재판 장면은 나오지 않지만 시시비비를 가려야 하는 상황이 있는 소설에서 가상의 재판을 열 수도 있습니다.

물론 꼭 재판 장면으로 연극을 구성할 필요는 없습니다. '문학작품 속 결단,' '문학작품 속 배신,' '문학작품 속 희생' 등 문학작품을 연극으로 재구성할 수 있는 주제는 무궁무진합니다.

### 2) 수업 진행

① 몇 가지 사전준비를 합니다.

주제를 선정합니다. 이 주제는 학생들이 읽을 문학작품의 주제가 아니라 앞으로 만들어서 발표할 연극의 주제입니다. 이번 연극의 주제는 '공정한 재판'입니다.

학생들이 읽고 연극으로 만들 소설이나 동화 두 편을 먼저 선정해 둡니다. 어떤 작품을 선정할 것인가는 무슨 주제로 연극을 만들 것인가에 따라 달라집니다. 이번 연극의 주제가 '공정한 재판'이므로 전래동화인 「망부석 재판」과 소설 「베니스의 상인」을 선정하였습니다. 이 두 작품을 선정한 이유는 「망부석 재판」은 오늘날의 형사법정을 구현할 수 있고, 「베니스의 상인」은 민사법정을 구현할 수 있기 때문입니다.

② 학생들에게 두 작품과 연극의 주제를 소개합니다.

학생들은 두 작품을 읽고 두 작품의 재판 장면을 연극으로 재구성하라는 과제를 받습니다.

③ 다 함께 웜업을 합니다.

이 수업은 앞서 진행했던 수업들보다 학생들의 활동이 더 많이 필요합니다. 따라서 웜업을 충분히 하는 것이 좋습니다. 웜업은 다음과 같은 활동이 좋습니다.

● 〈망부석 재판〉 노래 부르기

"우리고을 원님은 명재판관 / 비단장수 잃어버린 비단보따리 / 망부석을 잡아놓고 볼기를 쳐서 / 비단 훔친 도둑놈을 용케 잡았네, 용케잡았네, 용케 잡았네."

노래 가사를 칠판에 적어주고 노래를 가르쳐줍니다. 노래의 가락은 잘 알려진 노래에서 빌려와도 좋고, 직접 작곡을 해보는 재미도 쏠쏠합니다. 노래 가사 역시 선생님이 다양하게 지을 수 있습니다.

● 〈베니스의 상인〉 주제가 만들기

베니스의 상인 줄거리를 보고 기존의 동요나 애니메이션 주제가, 학생들이 좋아하는 광고 노래 등의 가사를 바꿔서 직접 만들어보고 같이 불러봅니다.

"현명한 포샤 목숨 건진 안토니오 / 샤일록은 망했네 / 바사니오는 행복했다네 / 심장 옆에 살 1파운드 신선한 피와 근육 / 안토니오 목숨까지 / 베니스 상인."

● 발음 연습용 노래 부르기

웜업 1, 오아이 게임을 합니다. 즐거운 분위기도 고조시키고 발음 연습도 됩니다.

"오아이 오아이 어우 오아이 어아 오오 어우오 어아 아아에."

④ 두 작품의 내용을 조사하는 과제를 줍니다.

학생들에게 「망부석 재판」, 「베니스의 상인」을 읽고 줄거리와 주요 내용을 공책에 정리해 오도록 합니다. 그리고 두 이야기를 읽으면서 어떤 이야기를 연극으로 만드는 모둠에 참여할지 미리 마음먹고 오도록 합니다.

⑤ 모둠을 만들고 역할을 정합니다.

학급을 민사재판팀과 형사재판팀으로 나눕니다. 민사재판팀은 「베니스의 상인」, 형사재판팀은 「망부석 재판」을 연극으로 만들게 됩니다.

모둠 내에서 학생들이 담당할 역할을 정해 줍니다. 역할은 다음과 같습니다.

학생들이 만들어야 하는 연극에 대해 다시 한 번 확인합니다. 형사팀은 「망부석 재판」, 민사팀은 「베니스의 상인」의 '재판 장면'을 15분 이내의 연극으로 구성하는 것입니다. 증인들의 증언 내용은 법정에서 자료로 제출된 동영상을 상영하는 것으로 해서, '극중극' 형식으로 만듭니다.

| | 역할 이름 | 인원 | 역할 |
|---|---|---|---|
| 1 | 브레인 | 1 | 제작자와 연출자 |
| 2 | 대본짱 | 2 | 문학작품을 연극 대본으로 바꾸는 일<br>(재판 장면을 15분 이내의 연극으로 구성)<br>특히 실제 재판 장면과 기록을 참고하여 재판장, 검사, 변호사<br>등의 대사를 실제와 비슷하게 작성 |
| 3 | 연기짱 | 12 | 판사, 서기, 검사, 변호사, 증인, 법원경찰 등 배우<br>「망부석 재판」은 검사와 배심원 필요<br>「베니스의 상인」은 변호사만 2명 필요 |
| 4 | 기록짱 | 1 | 연극의 연습과 제작 과정을 기록<br>재판 장면에서는 재판에서 논의된 내용을 기록<br>(평가 근거자료) |

⑥ 학생들은 모둠별로 모여서 대본짱과 브레인의 주도 아래
연극을 제작하고 연습합니다.

그런데 한 학급 전체가 웅성거리면 어마어마하게 시끄럽
습니다. 두 모둠이 동시에 연습하는 것보다는 웜업에서 주제
곡 부르기 경연으로 소리가 크고 단합이 잘되는 팀에게 연극
연습을 먼저 할 수 있도록 합니다. 각 모둠은 차례로 20분씩
연습을 합니다.

⑦ 선생님은 연습하는 장면을 모니터링 합니다.

이때 스마트폰이나 태블릿PC를 교실에 설치된 대형 텔레
비전이나 프로젝터에 연결하여 학생들이 연습하고 있는 장면

을 보여주면서 실시간으로 선생님의 코멘트를 화면에 나오게 하면 학생들은 폭발적인 반응을 보입니다. 특히 교대로 연습할 때, 연습이 끝나거나 아직 시작하지 않은 모둠은 모니터로 상대 모둠의 연습 장면을 진지하게 관찰할 수 있습니다. 선생님은 때때로 재치 있는 코멘트를 모니터에 입력하여 학생들의 사기도 높여주고 피드백도 줄 수 있습니다.

"샤일록 목소리 연기 아주 좋은데 발음을 정확히 하자."
"오~호! 안토니오 동작이 멋져."
"원님! 길거리 캐스팅 예감!"

⑧ 공연 준비를 합니다.

공연을 위해 먼저 교실을 법정처럼 꾸며야 합니다. 예산이 있으면 다음과 같이 제대로 꾸며볼 수 있고, 예산이 없으면 여러 아이디어로 꾸미면 됩니다.

| 준비 | 법정 테이블 커버(융단 5마 구입) |
| --- | --- |
| | 판사 가발, 판사용 법복(인터넷 구입, 각 3만원) |
| | 의사봉(겉모양도 훌륭하고 소리도 잘 나는 진품, 약 8만원) |
| | 법원 경찰 모자(인터넷 구입, 개당 1만원 미만) |

책상 세 개를 가로로 연결한 뒤 그 위에 커버를 씌우면 상당히 위엄이 느껴지는 법원의 재판부 분위기를 연출할 수 있습니다. 그 위에 의사봉을 놓고 판사는 반드시 법복을 입게

하여 법정의 권위를 보여줍니다. 법복은 실제와 같을 필요는 없습니다. 흑색 망토나 가운을 걸치기만 해도 충분히 분위기를 낼 수 있습니다.

교실 배치는 최대한 일반 법정과 비슷하게 하되, 증인들의 증언 부분인 '극중극'을 공연할 수 있는 공간을 확보하기 위해 다음과 같이 합니다.

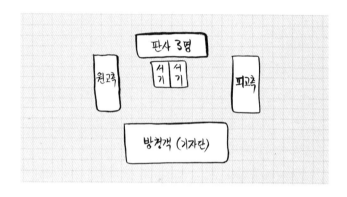

⑨ 공연을 합니다.

법원경찰이 재판의 시작과 끝을 고지합니다. 경찰이 "재판장님이 입정하십니다."라고 말하면 학생들은 모두 기립하고, 판사들이 입장하여 자리를 잡습니다. 이후부터는 재판장이 재판을 진행합니다.

이후 진행은 일반 재판의 순서와 동일하게 진행합니다.

---

**재판 순서**

---

개정 선언 → 원고 측의 공소사실 확인 → 피고 측의 반론 → 증거 조사 (증거 제출, 증인 신문) → 최후변론 → 판결

재판 중 증인의 증언 내용이나 증거물로 제출되는 자료화면(예: CCTV 영상 등)은 연극으로 재현하여 극중극의 형식을 취합니다. 한 모둠의 재판 공연이 진행될 때 다른 모둠의 구성원들은 법정 기자가 되어 기사문을 작성합니다.

- 재판명
- 원고, 피고
- 재판 결과
- 향후 전망
- 기자의 눈

## 3) 수업 흐름도

| | 단계별 활동 내용 | 준비물 |
|---|---|---|
| 1차시 | 주제와 작품 소개 | |
| | ↓ | |
| | 작품에 대한 조사 검토 (전 차시에 과제로 제시) | |
| | ↓ | |
| | 워밍업 : 노래 부르기 및 노래 만들기 | |
| | ↓ | |
| | 모둠 편성 및 역할 나누기 | |
| 2차시 | 연극 구성 및 연습 | |
| 3차시 | 연습 및 리허설 | 소품, 의상 |
| 4차시 | 공연 및 재판 기록(기자의 눈) | 소품, 의상 |

### 1) 수업 배경

사회 시간에 가장 다루기 어려운 단원이 '문화'입니다. 이 단원은 언뜻 보면 쉬운 것 같지만, 실제로는 추상적인 개념을 다루기 때문에 학생들이 생생하게 이해하기 어렵습니다. 다양한 시청각 자료를 이용할 수도 있고, 퍼포먼스, 연극, 영상 등의 형식으로 즐거운 수업이 될 수도 있지만, 추상적인 개념 학습으로 인해 세상에서 가장 지루한 수업이 될 수도 있습니다.

더구나 나라와 민족에 따라 다양한 문화가 있고, 이 문화가 저마다 가치를 가진다는 문화다양성, 문화상대주의를 학생들이 제대로 이해하는 것은 매우 어렵습니다. 하지만 글로벌 시대, 다문화 시대를 맞이하여 문화다양성에 대한 이해는 중요합니다.

이 수업은 잘 알려진 동화 속 주인공을 등장시켜 각 지역의 문화의 특징을 퍼포먼스로 제작하여 발표하고 감상을 토론하는 역동적인 수업 모형입니다. 이를 통해 학생들은 지역마다 다른 문화의 이해와 창조를 학습하게 됩니다.

이 수업은 학생들 상호간, 선생님과 학생 상호간의 친근감을 키우고 연극을 하나의 종합 퍼포먼스 개념으로 확대하는 효과가 있습니다. 학생들이 지닌 노래와 춤 실력 등 다양한 개성을 발휘하여 즐겁고 신나는 수업을 함께 만들고 학생들이 서로 전면적으로 상호작용할 수 있도록 수업을 구성합니다.


## 2) 수업 진행

웜업 **3**이 좋다.

> **준비**    A3 용지 6장, 네임펜 6자루, 웹을 검색할 수 있는 컴퓨터, 민속의상을
> 만들 수 있는 옷가지나 소품

① 문화권역별 모둠을 편성합니다.

학급을 6개의 모둠으로 재편성합니다. 모둠 당 인원 수보다 모둠의 수가 더 중요합니다. 모둠 수가 너무 적으면 다양한 문화권을 조사하고 발표한다는 이 수업의 취지가 약해집니다. 편성된 모둠별로 다음과 같이 문화권역을 할당합니다(문

| 문화권 | 해당 지역 | 특징 |
|---|---|---|
| 아시아 문화권 | 동아시아, 동남아시아, 남아시아 | 고대부터 많은 교류, 불교, 유교 영향 |
| 유럽 문화권 | 유럽, 러시아 | 서양 문명으로서의 공통점과 지역적 차별성 |
| 건조 문화권 | 중앙아시아, 서남아시아, 북아프리카 | 사막, 초원 지역 무슬림 거주 많음 |
| 열대 문화권 | 중부 아프리카, 남부 아프리카 | 열대우림 및 사바나 지역 인구의 다수가 흑인 |
| 앵글로 문화권 | 북아메리카, 오세아니아 | 주로 영국계 이민이 많은 신대륙 |
| 라틴 문화권 | 중부 아메리카, 남부 아메리카 | 주로 라틴계 이민이 많은 신대륙 |

화월드컵이기 때문에 지리적 대륙이 아니라 문화권역으로 분류합니다). 추첨을 할 수도 있고 자원을 받을 수도 있습니다.

② 문화개념도를 그립니다.

문화는 대단히 복합적인 개념이기 때문에 우선 학생들이 이 개념을 어떻게 이해하고 있는지 선개념을 파악할 필요가

**개념도란?**

먼저 '문화'라는 단어를 공책 가운데에 적고, 문화와 관련 있다고 생각되는 단어들의 목록을 작성한다. 이 단어들을 이용하여 마인드맵과 같이 '문화'를 중심으로 나뭇가지처럼 연결시켜 나가는 것이다. 개념도는 단지 연결하는 것으로 그치지 않고 단어와 단어 사이가 연결되는 이유를 적어야 한다는 점에서 마인드맵과 다르다. 단어들 간의 상관관계를 개념적으로 파악하도록 하는 것이다.

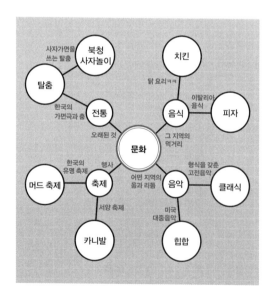

있습니다. 먼저 각자 공책에 '문화'를 중심으로 하는 개념도를 그립니다. 선생님은 각 모둠별로 네임펜과 백지를 나누어주고, 모둠원들은 서로의 개념도를 같이 검토한 뒤 모둠을 대표하는 개념도를 그립니다.

③ 모둠별로 개념도를 발표합니다.

다른 모둠의 개념도가 자신들과 다를 경우 질의·응답을 통해 서로 개념도를 수정해 나갑니다.

④ 퍼포먼스를 위한 스토리를 구성합니다.

모둠별 담당 문화권역별로 대표적인 동화를 조사합니다. 조사한 동화 속 주인공을 등장인물로 하여 이 인물이 그 지역 문화를 체험하고, 이 지역의 문화를 소개하는 형식으로 진행합니다. 캐릭터가 문화를 소개하면 모둠원들은 해당 지역 사람들이 되어 소개하는 내용을 실제 퍼포먼스로 보여주어야 합니다.

이때 아무 내용 없이 체험 스토리를 만들 수는 없습니다. 그래서 해당 지역의 이모저모를 조사하도록 하는데, 이는 모둠 구성원 개인별 미션으로 부여합니다. 예를 들면 축제, 종교, 전통의상, 음악, 음식, 전통문양 및 미술 등이 있습니다.

⑤ 퍼포먼스를 준비합니다.

각 구성원이 조사해 온 미션 내용과 스토리를 토대로 퍼포먼스를 구성합니다. 모둠별로 흩어져 발표 연습을 합니다. 실감나는 퍼포먼스를 위해 필요한 분장, 의상, 소품 등을 연구하여 준비합니다.

## TIP

경우에 따라 학생들의 힘만으로 준비하기 어려운 의상이나 소품을 간단한 아이디어로 대체할 수 있다. 연극적 약속을 이용한다면 실제와 똑같이 꾸미지 않더라도 모자, 팔찌와 같은 상징적인 소품만으로 이국적인 분위기를 연출할 수 있다.

⑥ 발표합니다.

발표 순서는 모둠별 제비뽑기로 결정합니다. 결정된 순서에 따라 차례로 나와서 해당 지역의 문화를 소개하며 관련된 퍼포먼스를 선보입니다. 다른 모둠들은 자신의 공책에 발표하는 모둠의 스토리와 특징, 장점, 아쉬운 점 및 질문거리를 적습니다. 자기 모둠의 공연 내용도 적습니다. 퍼포먼스를 마치고 난 모둠원들은 무대에서 사진 촬영도 하고 질문도 받습니다.

## TIP

교사는 학생들이 퍼포먼스를 순서대로 발표하고 질문을 받고 답변을 하도록 지도한다. 이때 역할 속 교사(T.I.R., Theater In Role)가 되어 질문을 재미있게 이끌어가면 더욱 좋다. 역할 속 교사는 교사가 마치 극 속의 어떤 인물처럼 연기를 하며 학생 활동에 참여하거나 답변을 유도한다. 이때 교사가 배우처럼 연기를 잘해야 하는 것은 아니다. 다만 연극 속 역할을 진지하게 수행하면서 학생들의 예기치 않은 질문 등 돌발 상황에 즉각적이고 자연스럽게 대처하는 활동을 한다.

## 3〉 수업 흐름도

| | 단계별 활동 내용 | 준비물 |
|---|---|---|
| 1차시 | 문화개념도 그리기 및 발표<br>↓<br>모둠 편성 및 미션 수행을 위한 역할 나누기 | 공책 |
| 2차시 | 각 팀별 동화 속 주인공을 중심으로 이야기 구성<br>↓<br>문화의 각 요소를 고려하여 퍼포먼스 구성 | 자료 |
| 3차시 | 퍼포먼스 연습 | 음악 |
| 4차시 | 발표 및 질의 응답 | 음악, 소품, 의상 등 |
| 5차시 | 정리 | 학습지 |

# 04

## 어려운 개념도
## 연극으로 이해가 쏙!

**연극으로 정치, 경제를 배웁니다**

이제 학기도 어느새 중반에 들어섰습니다. 학생들도 서로 친밀해졌고, 선생님과도 신뢰가 생겼습니다. 그리고 무엇보다도 연극적으로 표현하는 방법에 익숙해졌습니다. 이제 교육연극을 좀 더 심도 있게 활용할 수 있는 시기가 되었습니다.

여기에 소개하는 수업들에는 교육연극을 활용하여 까다로운 경제 개념을 심도 있게 익히는 활동, 복잡한 역사의 흐름을 조직적으로 이해하는 활동, 사회적 쟁점을 놓고 높은 수준의 논쟁을 하는 활동 등이 포함되어 있습니다. 이 수업들은 다양한 취향과 능력을 가진 학생들 중 누구도 소외되지 않으면서 함께 복잡하고 지적인 학습과정에 참여하는 것을 목적으로 합니다.

흔히 연극을 종합예술이라고 합니다. 그만큼 그 안에 포함된 활동의 폭이 넓다는 뜻입니다. 마찬가지로 교육연극 역시 종합수업입니다. 교육연극 안에는 매우 넓은 활동 폭이 있으며, 또 그만큼 다른 수업과의 연결고리도 가지고 있습니다. 그리고 교육연극은 다양한 팔로우업 활동과의 결합으로 매우 복잡하고 추상적인 개념 학습이나 고차원적인 사고력이 필요한 통합적인 활동에 큰 효과가 있습니다.

교육연극의 가능성은 선생님들의 노력과 창의력에 따라 무한대로 확장할 수 있습니다. 여기에 소개하는 수업은 그중 극히 일부일 뿐입니다. 이 수업들이 여러 선생님들에게 자극이 되어 무한한 가능성의 문을 여는 촉매제가 되었으면 합니다.

# 1

## 1) 수업 배경

대부분의 학생들은 경제를 어려워합니다. 사실 경제만 어려워하는 것이 아니라 뭔가 따지고 견줘보는 일을 전반적으로 어렵고 재미없어 합니다. 더구나 이렇게 따지고 견줘봐야 하는 내용을 덮어놓고 텍스트로만 이해하라고 한다면 전혀 감도 잡지 못할 뿐 아니라 넌더리까지 나는 것입니다.

그런데 꼭 이래야 하는 걸까요? 우리는 시장이나 상가에서 경제에 밝은 사장님들을 볼 수 있습니다. 이분들은 특별히 어려운 경제학 같은 것을 공부한 적이 없습니다. 그럼에도 불구하고 경제학을 공부한 사람들 못지않게, 혹은 더 훌륭하게 경제적인 판단을 내릴 수 있습니다. 그 까닭은 살아오면서 수많은 경제적 선택을 경험했고, 성공적인 선택을 해 왔으며, 그 선택이 왜 성공적이었는지 알고 있기 때문입니다.

어려운 개념이라고 해서 텍스트에 더 집중해야 할 필요는 없습니다. 어떤 개념이 어렵다는 것은 그만큼 추상화의 정도가 심하다는 뜻입니다. 따라서 어려운 개념일수록 오히려 그것을 구체적인 활동으로 풀어주는 수업이 필요합니다.

이 수업은 경제라는 어려운 개념을 일상생활에서의 선택과 비용이라는 구체적인 상황으로 풀어줌으로써 경제의 핵심 개념인 편익, 기회비용, 합리적 선택을 생생하게 이해하도록 도와줍니다.

## 2) 수업 진행

워밍업 **3**이 좋다.

① 학급을 네 개의 모둠으로 편성합니다.

② 각 모둠에서 가장 연기를 잘하는 사람을 한 사람씩 선발합니다. (선발 인원은 필요에 따라 조정 가능합니다.) 이렇게 선발된 사람들로 연극을 시연할 T.I.E. 팀을 구성합니다.

③ 스토리를 배부합니다.

희소성, 선택, 편익, 기회비용 등의 개념과 관련된 사실이 나오면서도 일상생활에서 경험할 수 있는 사례로 구성된 스토리를 미리 인쇄물로 준비한 뒤 학생들에게 나눠줍니다. 다음에 소개하는 스토리 예시를 사용해도 좋고, 이와 비슷한 구조의 새로운 스토리를 구성해도 좋습니다.

동건이는 고민에 빠졌다.

추석 앞뒤로 학교에서 일주일간 가을방학을 한다고 하는데, 옆 반 순돌이가 엄청난 제안을 해왔기 때문이다.

순돌이는 가을방학 동안 돈을 벌자는 거다. 어떤 집에서 일주일 동안 페인트칠을 하면 100만 원을 벌 수 있다는 거다. 100만 원이라니! 큰돈을 벌 수 있다고 흥분한 순돌이의 제안은 뿌리치기에는 너무 매력적인 것이 아닌가? 게다가 동건이는 실내 인테리어에 관심이 많고 장차 그 분야로 꿈을 키우고 싶은 마음도 있다.

그런데 문제가 있다. 하나는 가을방학 다음이 중간고사라는 것이다. 하루라도 시험공부를 해야 한다. 또 가을방학 중 하루는 여자친구 미현이와 데이트를 하기로 약속해 놓았다. 그러니 가을방학 내내 페인트칠을 하기는 어렵다.

그래서 동건이는 페인트칠을 의뢰한 집을 찾아가보았다. 헉! 저렇게 큰 집을?

분명 순돌이 녀석이 털털해서 집도 안 보고 약속을 했을 거다. 저 정도 집이면 내부 공간이 만만치 않게 넓을 텐데! 하루도 빠짐없이 일주일을 온통 투자해도 과연 끝낼 수나 있을지 의문이다. 도저히 시험공부 할 시간이나 데이트 할 시간을 빼낼 수 없을 것 같다.

큰일이다. 진드기 순돌이 녀석은 페인트칠을 하자며 놔주지 않을 것이 틀림없다. 순돌이는 유치원 때부터 친구고 지난 번 동건이 아버지가 편찮으실 때도 가게 일을 마치 자기 일처럼 도와준 녀석이다. 그래서 이번 부탁은 거절하기 쉽지 않다. 만약 그랬다가는 그 녀석, 삐쳐가지고 한동안 말도 안 하려 할 것이다.

하지만 여자친구 미현이는 성격이 까칠하다. 벌써 데이트 준비한다고 옷도 사고 신발도 사고 난리도 아니다. 약속을 취소할 수 없다. 시험은 시험대로 또 잘 봐야 한다. 하지만 순돌이의 깜짝한 제안을 거절하기에도 구미가 당기고……

순돌이 녀석은 이미 하겠다고 했다는데 함부로 약속을 철회할 수도 없다. 신뢰를 잃게 되니까. 미리 돈을 받은 것도 아니라서 기본적으로 필요한 페인트와 붓 등 재료를 사려면 그동안 모아놓은 돈으로 일을 시작해야 한다. 게다가 일을 망치면 돈을 못 받을지도 모른다.

어쩌지? 돈을 벌 수 있고 재미있는 일을 선택할까? 아니면 그 기간 중에 중간고사 준비를 착실하게 해서 성적을 올리고, 하루쯤 미현이와 데이트를 하며 즐거운 시간을 보낼까?

④ T.I.E. 팀은 이 내용을 연극으로 재구성합니다.

다른 학생들은 워크북 예시를 통해 이 이야기의 해결방안을 모색합니다.

동건이의 선택에 도움을 줍시다. 동건이는 이 상황을 해결하기 위해 어떻게 해야 할까요? '비용-편익 분석표'를 그려서 설득할 수 있는 이야기를 글로 적어보세요. (선택의 결과 얻게 되는 편익에는 +를, 잃게 되는 편익에는 -를 표시합니다.)

| 편익<br>선택지 | 용돈<br>벌기 | 진로<br>경험 | 학업 | | | | 합계 |
|---|---|---|---|---|---|---|---|
| 페인트칠을 선택 | | | | | | | |
| 휴식과 데이트 선택 | | | | | | | |
| 또 다른 대안 | | | | | | | |
| | | | | | | | |

⑤ T.I.E. 팀이 준비된 연극을 공연합니다.

⑥ 선생님이 사회자(조커)가 되어 팔로우업을 진행합니다.

팔로우업으로는 다음과 같은 활동을 할 수 있습니다. 먼저 등장인물들을 불러서 생각을 들어봅니다. 동건이에게 대안을 제시한 뒤 그 대안에 따라 다시 한 번 그 부분을 공연합니다. 이때 동건이와 등장인물들은 그 대안에 따른 각자의 반응을 즉석에서 결정하여야 합니다. 또는 각 등장인물이 대표로 나온 모둠에서 대역을 선발하여 대안으로 다시 공연할 수도 있습니다. 또는 대안을 제시한 사람이 동건이 역을 대신 맡아서 공연하고, 그 속에서 등장인물들을 설득하려고 노력하는 방법도 있습니다.

---

**조커란?**

조커는 정답을 알려주기보다 스스로 문제를 인식하고 풀어나갈 수 있도록 도와주는 '촉진자' 역할을 한다. 조커는 연극 전체를 진행하는 존재이지만 극 속의 인물이 아니라는 점에서 역할 속 교사(TIR, Theater In Role)와 다르다. 조커로서 교사는 리더나 절대적인 권한을 가진 존재가 아니라 안내하고 신호를 주는 정도의 역할을 한다. 따라서 토론의 결론을 내려주거나 판단을 대신해주어도 안 된다. 다만 적절한 질문으로 토론이 이어지도록 해야 한다.

---

⑦ 한바탕 놀이로 끝나지 않도록 반드시 정리의 단계가 필요합니다.

이 수업의 최종 목적은 경제의 기본 개념을 익히는 것입니다. 학습지를 작성하면서 정리하도록 합니다.


## 3〉 수업 흐름도

|  | 단계별 활동 내용 | 준비물 |
|---|---|---|
| 1차시 | 4개의 모둠 편성<br>↓<br>T.I.E.팀 구성<br>↓<br>각 팀 활동 :<br>T.I.E.팀은 연극 구성, 나머지는 대안 탐색 및 워크북 작성 | 워크북 |
| 2차시 | 공연 및 팔로우업<br>(교사의 조커 활동) | 공연장 세트 및<br>의상 등 |
| 3차시 | 정리 | 학습지 |

학년    반    번 이름

1. 동건이가 선택을 해야만 했던 이유는 (              )이 한정되어 있었기 때문입니다.

2. 동건이가 다음의 선택을 할 경우 얻을 수 있는 것과 포기해야 하는 것은 무엇인가요?

　① 페인트칠

　② 휴식과 데이트

　③ 다른 대안

3. 인간의 욕망에 비해 자원이 한정되어 있는 것을 희소성이라고 합니다. 이 경우 무엇이 희소한가요?

4. 희소성 때문에 우리는 원하는 것을 모두 얻지 못하고 선택해야 합니다. 선택의 결과 얻을 수 있는
　것을 편익이라고 하고, 포기해야 하는 것을 기회비용이라고 합니다.
　2번 문제, 각 항의 선택에서 편익과 기회비용이 무엇인지 쓰시오.

　① 페인트칠

　② 휴식과 데이트

　③ 다른 대안

### 1) 수업 배경

경제라고 하면 항상 복잡한 계산, 그리고 돈과 관련된 문제로 생각합니다. 그러다 보면 자연히 경제는 돈을 많이 벌려고 하는 사람들이나 공부해야 하는 어려운 내용이라는 선입견을 갖게 됩니다.

하지만 사실 경제는 삶의 태도이며, 생각의 방식입니다. 경제적인 삶의 태도와 생각의 방식은 복잡한 수식이나 딱딱한 개념어들이 아니라 실제 삶을 반영할 수 있는 다양한 예술적 표현을 통해 오히려 더 쉽고 생생하게 이해할 수 있습니다.

이 수업은 삶의 여러 장면들을 이야기로 구성하고 그 이야기를 경제적 선택의 관점에서 분석하게 함으로써, 경제를 삶 속에서 이해할 수 있도록 하고 있습니다. 경제학의 어려운 개념, 문학, 그리고 연극이 삶과 하나로 이 수업에서 융합된 것입니다.

이 수업은 경제교육을 위해 고안되었지만 꼭 경제교육에만 적용할 필요는 없습니다. 우리는 삶의 모든 영역에서 합리적인 선택을 해야 하니까요. 도덕적인 선택도 있고, 정서적인 선택도 있지요. 선택의 주체가 꼭 학생일 필요도 없습니다. 과거 역사의 결정적 시기에 왕이나 국가 지도자가 되어 선택을 되돌려보는 경험을 해 볼 수도 있습니다.

## 2) 수업 진행

### ① 과거의 경험 소환

이 수업의 경우 과거의 경험 소환이 웜업이 될 수 있습니다. 학생들과 함께하는 웜업은 늘 놀이가 아니어도 됩니다.

먼저 학생들에게 다음과 같은 양식의 A4용지를 나누어줍니다.

여러분은 지금까지 (    )년의 인생을 살아왔습니다. 살아오는 동안 여러분은 많은 선택을 했습니다. 이제 여러분의 과거를 떠올려봅니다. 그 많은 선택들 중 만약 시간을 되돌릴 수 있다면 다른 선택을 하고 싶은 경험을 생각나는 대로 다음과 같은 내용이 포함되도록 적어봅시다.

- 언제 있었던 일인가?

- 그때 어떤 선택을 했는가?

- 그 선택의 결과, 포기한 대안은 무엇인가?

- 그때 선택한 이유는 무엇인가?

- 그 선택의 결과를 후회하는 이유는 무엇인가?

- 다시 선택하라고 하면 무엇을 선택할 것이며 그 이유는 무엇인가?

과거의 경험들 중 만약 시간을 되돌릴 수 있다면 다른 선택을 하고 싶었던 순간을 적도록 합니다. 단순히 과거의 기억을 적는 것이 아니라 선택을 바꾸고 싶은 과거의 경험을 기억하는 것입니다.

② 학급을 4~5개의 모둠으로 편성합니다.

모둠의 편성은 무작위로 합니다. 각자 들고 있는 과거의 선택 경험이 기록된 종이들을 모둠원들끼리 공유합니다. 모둠원들은 이렇게 공유한 에피소드들을 종합하여 가상 인물의 인생 이야기를 하나 만듭니다. 예를 들면, 〈다시 돌이키고 싶은 ○○○의 인생〉처럼요.

이 이야기에는 다음과 같은 내용들이 포함되어야 합니다. 1) 중요한 선택을 했어야 했던 결정적 순간, 2) 그 순간에 선택해야 했던 여러 대안들과 각각의 안들이 줄 수 있었던 편익, 3) 그 선택의 결과, 4) 선택을 바꿀 경우 얻게 되는 편익.

이를 다음과 같은 표로 만들 수 있습니다.

| 선택지 \ 편익 | 편익 | | | | | 합계 |
|---|---|---|---|---|---|---|
| 현재의 선택 | | | | | | |
| 그때 포기한 선택 | | | | | | |
| 또 다른 대안 | | | | | | |

③ 만들어낸 이야기를 중심으로 대본을 구성하여 연극을 만듭니다.

이때 선택의 순간을 표시하는 장치를 준비하도록 합니다. 예를 들면, 'Stop'이라고 적혀 있는 손팻말 등이 있습니다.

모둠별로 공연을 합니다. 공연하는 모둠은 선택의 순간이 되면 공연을 중단하고 관객에게 도움을 요청합니다. 또 공연하는 모둠이 도움을 요청하지 않더라도 관객들은 어떤 순간이 결정적이라고 느끼면 손팻말을 들고 'Stop!'을 외칠 수 있습니다.

관객이 'Stop!'을 외치면 공연은 일시 중단됩니다. 그리고 공연을 중단시킨 관객은 그 부분이 왜 결정적인지 설명하고 어떤 선택을 제안해야 합니다. 이때 자신이 제안하는 대안이 다른 선택보다 어떤 편익을 더 가져다 줄 수 있는지 반드시 설명해야 합니다.

선생님은 조커로서 진행을 담당하면서, 다른 대안에 따라 연극을 진행시키기도 하고 필요하면 문제를 제기한 학생이 직접 장면을 바꿔보도록 할 수 있습니다.

④ 팔로우업을 합니다.

시간을 되돌려 극을 구성하고 장면을 바꿔본 후 활동지에 시간의 사용에 대한 계획이 필요하다는 것, 시간은 매우 한정된 자원이라는 가치를 깨달을 수 있도록 다양한 프로그램을 적용합니다. 다음과 같은 활동들이 가능합니다.

- 지나간 과거의 나에게 쓰는 에세이 : 과거의 나에게 당시 선택에 대해 편익과 기회비용의 차원에서 새로운 선택을 하도록 설득하는 에세이를 씁니다.
- 그 시간에 함께했던 친구나 가족에게 쓰는 편지 : 앞의 내용과 같은 편지를 당시 선택에 함께 참가했거나 관여했던 친구나 가족들에게도 씁니다.
- 토론 : 모둠원들과 자신의 새로운 선택에 대해 토론합니다.
- 그림 : 과거의 선택과 다시 할 선택의 편익과 기회비용을 그림으로 그려서 표현합니다.

### 3〉 수업 흐름도

| | 단계별 활동 내용 | 준비물 |
|---|---|---|
| 1차시 | 과거의 경험 소환하기<br>↓<br>모둠 편성<br>↓<br>이야기로 연극 구성 | 워크북 |
| 2차시 | 공연 및 공통 팔로우업<br>(교사의 조커 활동) | 공연장 세트 및 의상 등 |
| 3차시 | 개별 팔로우업 : 에세이, 편지, 토론, 그림 등 | 활동지 |

### 1〉수업 배경

이 수업을 개발하게 된 배경은 두 방향에서 제기된 필요 때문이었습니다. 한 방향은 토론 수업에서 비롯된 요구입니다. 토론 수업은 학생들이 지적으로 자극을 받는 수업을 원하는 선생님들이 가장 높이 평가하는 수업 방법입니다. 장차 지적으로나 사회적으로나 중요한 일은 대부분 토론을 통해 결정되기 때문에 수업시간에 토론 능력과 그에 필요한 자질을 함양하는 것은 매우 중요합니다.

그러나 토론 수업은 상당수 학생들을 소외시키는 수업이 되기도 합니다. 지적으로 좀 더 빨리 성장했거나 외향적인 성격의 학생들은 토론 수업이 즐겁습니다. 그러나 배움의 속도가 조금 느리거나 내성적인 학생들에게 토론 시간은 그저 몇몇 아이들의 활약상을 지켜보는 시간이 되고 맙니다. 어떻게 하면 이런 학생들까지 토론을 자기 것이라고 생각하고 참여하게 할까요?

다른 방향은 교육연극 쪽에서 제기되었습니다. 선생님들이 교육연극을 수업에 활용할 때 가장 큰 어려움은 재미있기는 한데, 정말 이렇게 해서 뭔가 배울 수 있을까 하는 의구심이 든다는 것입니다. 그리고 실제로 적절한 팔로우업과 결합되지 않으면 교육연극은 교육적 효과를 제대로 얻지 못합니다. 따라서 교육연극을 주지적이고 개념적인 교과에 활용하려면 이를 충분히 감당할 수 있는 정교한 팔로우업과 결합시켜야 합니다.

이렇게 두 방향에서 제기되는 요구를 모두 충족시키기 위해 교육연극 모형에 논쟁학습 모형을 팔로우업으로 결합시킨 수업 모형을 만들었습니다. 이 수업은 학급을 어떤 쟁점에 대한 입장에 따라 찬성조과 반대조로 편성해서 각자 자신의 입장에 따라 상황극을 제작한 뒤 상대 조를 관객으로 삼아 번갈아 가며 공연하고, 공연이 끝나면 상호 논쟁을 하도록 되어 있습니다. 이 두 조는 상호 공연과 관람이 끝나면 쟁점을 놓고 논쟁을 해야 하기 때문에 수동적인 관객의 위치를 넘어 상대방의 연극을 능동적이고 비판적으로 보게 됩니다.

한 학급에서 두 개의 연극을 제작함으로써 얻어지는 이점은 다음과 같습니다.

첫째, 학생들이 15~20명 단위의 두 집단으로 나누어져, D.I.E.의 적정 인원을 유지할 수 있습니다.

둘째, 두 개의 연극을 공연함으로써 한 편의 공연 시간을 짧게 가져갈 수 있어 아직 경험이 부족한 학생들의 부담을 덜어줄 수 있습니다.

셋째, 팔로우업 단계에서 상대방의 연극에 대한 비판적인 상호 논쟁을 하기 때문에 상대방이 공연할 때 이를 주의 깊게 감상하도록 유도할 수 있습니다.

넷째, 학급의 모든 학생이 어떤 방식으로든 학습에 참여하며, 각자의 특기와 재능을 살리면서 협력합니다. 특히 이 수업은 여타의 교육연극 프로그램과 달리 연극적 활동에 잘 참여하지 못하는 학생들에게도 충분한 활약의 기회를 줄 수 있습니다.

---

**구&권 모형이란?**

이 수업은 저자들이 직접 개발한 수업 모형 중 각종 학술지와 단행본을 통해 가장 널리 알려진 모형으로 저자들의 이름을 따 '구&권 모형'이라는 고유명사로 불리고 있다.

---

## 2) 수업 진행

이 수업은 모두 10단계로 구성되어 있습니다. 하지만 이 수업은 창조적 자발성이 중요하기 때문에 꼭 이 단계들을 기계적으로 맞출 필요는 없습니다. 예컨대 1단계와 2단계의 경계는 분명하지 않으며, 상황에 따라 유연하게 적용됩니다. 그러나 이 수업은 6~8차시에 걸쳐 진행되기 때문에 각 단계에 따른 수업의 흐름에 대해서는 어느 정도 이해하고 있어야 시간이 너무 늘어지거나 혹은 모자라지 않게 조직적인 운영이 가능합니다.

먼저 수업에 들어가기 전에 선생님이 준비해 두어야 할 것들을 정리해봅니다. 이 수업은 상당한 기간 동안 진행되며, 학생들의 자발성이 많이 발휘되어야 하는 수업이기 때문에 선생님이 철저하게 사전준비를 해 두지 않으면 우왕좌왕하다가 시간만 보내기 쉽습니다.

첫째, 적절한 쟁점입니다.

가장 중요한 준비물입니다. 쟁점이 좋아야 연극도 재미있게 만들고 논쟁도 치열하게 이루어집니다. '좋은쟁점'이란 다음과 같은 특징을 가진 것들입니다.

우선 찬반 양론이 서로 팽팽한 쟁점이라야 합니다. 어느 한쪽의 논리가 빈약하거나 어느 한쪽이 직관적으로라도 더 옳거나 틀리게 보이는 쟁점을 피해야 합니다. 교과와 단원에 따라 사회적 쟁점, 가치 쟁점, 혹은 생활상의 문제, 역사적 사건 등 다양하게 선택할 수 있습니다. 그리고 현재 진행중인 쟁점이라야 합니다. 즉 찬/반 어느 쪽이 옳다고 명확하게 결정이 나지 않고 아직도 논쟁중이어야 합니다. 끝으로 학생들이 관련 자료를 검색하기 쉬워야 합니다.

둘째, 찬반 양측의 근거자료들이 충분해야 합니다.

논쟁이 단순한 말싸움이 되지 않고, 연극이 근거 없는 공상이 되지 않으려면 충분한 근거자료가 필요합니다. 그런데 학생들은 아무 준비가 없는 상태에서는 적절한 자료를 발견하지 못합니다. 따라서 자료의 마중물 역할을 할 수 있는 기초자료를 사전에 준비해 두어야 합니다. 쟁점과 그 쟁점을 소개하고 학습할 수 있는 자료들(신문, 출력물, 도서, url 등)이 있어야 합니다.

셋째, 검색도구가 있어야 합니다.

학생들이 해당 자료들을 추가적으로 검색하고 저장할 수 있는 컴퓨터 및 저장장치가 필요합니다. 요즘 학교에서 각광을 받고 있는 태블릿 PC의 경우 검색은 용이한 반면 검색한 자료를 저장하기가 어렵습니다. 따라서 해당 수업 공용의 에버노트 등 클라우드 계정을 만들어 놓는 것이 필요합니다.

| 활동 단계 | 활동 내용 |
|---|---|
| 준비 단계 | 1단계 : 쟁점 제시<br>2단계 : 가치 확인<br>3단계 : 학급 재편성<br>4단계 : 소조 편성<br>5단계 : 연극의 구성<br>6단계 : 연습<br>7단계 : 리허설 |
| | ↓ |
| 발표 단계 | 8단계 : 발표 |
| | ↓ |
| 토론 단계 | 9단계 : 논쟁<br>10단계 : 반성 |

① 1단계 : 논쟁할 쟁점을 제시합니다.

학생들이 문제를 인식하고 찬성이나 반대 입장에서 연극을 제작할 때 흥미를 충분히 느낄 수 있도록 쟁점에 대한 다양한 사례를 함께 제시해 줄 필요가 있습니다. 당시 사회적 쟁점의 경우 뉴스 동영상 등을 먼저 시청하게 하면 좋습니다.

② 2단계 : 제시된 쟁점에서 문제가 되고 있는 가치가 무엇인

지, 그리고 각 입장에서 표출되는 이해 관심사의 상황이 무엇인지 확인합니다.

예를 들면 '안전 vs 자유,' '성장 vs 형평' 등이 있습니다. 이를 위해 선생님은 학생들에게 과제를 부여하거나 혹은 미리 준비된 자료를 학생들에게 제시합니다.

2단계는 교실 상황에 따라 1단계와 함께 진행하기도 하며, 5단계에서 진행하기도 합니다.

③ 3단계 : 학급을 쟁점의 찬/반 양 입장에 따른 두 개의 모둠으로 편성합니다.

쟁점이 있는 주제이기 때문에 대부분의 경우 '찬성팀'과 '반대팀'으로 부르지만, 학생들이 스스로 특징적인 이름을 짓거나, 관련 쟁점에 실제 참여하고 있는 단체의 이름 혹은 그와 비슷한 이름으로 모둠의 이름을 지을 수도 있습니다. 예를 들면, '경남도립병원 쟁점'의 경우 폐쇄 찬성은 '경상남도 도지사와 의원들', 반대는 '보건복지부 장관과 국회 보건위 의원들'과 같이 지을 수 있습니다.

선생님은 학급에서 주도적인 역할을 하는 학생들, 적극적인 학생들이나 학업 성취도가 우수한 학생들이 특정 집단에 편중되지 않도록 유의하여야 합니다. 팀워크가 잘 맞을 수 있도록 평소 학생들의 친소관계가 집단 편성에 잘 반영되도록 해야 합니다. 두 팀의 지도자 역할을 할 두 학생을 먼저 선정한 뒤 이 두 학생이 스스로 동료들을 불러들여 팀을 구성하게 하는 방법도 좋습니다.

원칙적으로는 학생들이 자발적으로 팀을 나누도록 하되, 앞의 원칙이 잘 관철되도록 조정의 묘를 살리는 것은 말처럼 쉬운 일이 아닙니다. 이런 효율적인 집단 나누기가 가능하려면 교사는 평소 학생들과 충분한 라포를 형성해야 하며 학생들의 개별적인 특성들을 충분히 파악할 정도로 관심을 가져야 합니다. 따라서 이 수업은 학기초에 실시하기 어려우며, 빨라도 학기 중간 정도에 실시하여야 합니다.

④ 4단계 : 학급을 찬성팀과 반대팀으로 나누었으면, 다시 찬성팀, 반대팀 안에서 역할에 따라 소조를 편성합니다.

32명 정도의 학급이라면 각 팀이 16명 정도가 되는데, 이 중 5명 정도를 토론을 담당할 논쟁조로, 11명 정도를 연극을 제작할 연극조로 나누는 것이 좋습니다. 이렇게 소조가 편성되면 학급은 사실상 총 4개의 소집단 협동학습이 진행되는 셈이 됩니다.

같은 팀의 토론조와 연극조는 긴밀하게 협조하고 상호작용 해야 합니다. 논쟁조의 논거와 연극의 내용이 서로 맞아 떨어지지 않으면 논쟁에서 성공할 수 없기 때문입니다. 따라서 팀 전체를 이끄는 브레인(리더)의 역할이 매우 중요합니다.

소조 편성을 좀 더 구체적으로 살펴보면 다음의 표와 같습니다. 어떤 역할을 담당하더라도 주체적으로 참여하고 자부심을 느낄 수 있도록 모두 '짱'이라는 이름을 붙여주었습니다.

| 소조명 | | 해야 할 일 | 인원 수 |
|---|---|---|---|
| 논쟁조 | 브레인 | 팀을 지도하고 전체적인 내용을 구상하며 작업일지를 작성하여 검사를 받는다. | 1 |
| | 토론짱 | 자료를 수집하고 논리를 개발하며 토론을 담당한다. | 4 |
| 연극조 | 대본짱 | 브레인, 토론짱으로부터 내용을 듣고, 그것을 잘 표현할 연극의 줄거리와 장면을 구상한 뒤 브레인에게 제출한다. | 1 |
| | 감독 | 연극을 구성하고 배역을 정해 연습을 시키고 공연을 준비한다.(대본짱과 겸임할 수 있다.) | 1 |
| | 연기짱 | 구상된 장면들을 충실히 연습하여 실제로 공연한다. | 7~8 |
| | 효과짱 | 소품을 제작하고 각종 음향효과를 만든다. | 2 |

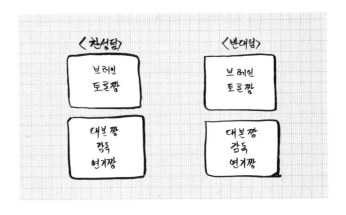

⑤ 5단계 : 연극조는 연극을, 논쟁조는 토론을 준비합니다.

　　각각의 소조는 맡은 역할을 잘 수행해야 하며, 브레인은
이 과정을 잘 지휘하고 진행하여야 합니다.

　　각 팀은 자기 진영의 입장뿐 아니라 상대 진영의 입장에 대

해서도 충분히 연구해서 반대 논리를 개발하여야 합니다. 연극조는 같은 팀 논쟁조를 관객으로 삼아 연극 내용을 보여주면서 토론 내용과 연극 내용을 조율하여야 합니다.

## 입학사정관제도에 찬성하는 연극의 일부

수능시험 전날, 용기는 자신의 방에서 기타를 치며 노래를 흥얼거리고 있다. 반면 성현이는 영어 단어를 외우고 있다.

수능 당일, 선생님은 교실에 들어와서 시험지를 나눠준다. 용기는 연필을 굴려가며 열심히 찍고 있고 성현이는 열심히 문제를 푼다. 몇 분 뒤 시험이 끝나는 걸 알리는 종소리가 울리고 선생님은 시험지를 걷어간다.

며칠 뒤 시험 성적이 나오고 용기와 성현이는 각자의 성적표를 확인한다.

성현: (싱글벙글 웃는다.)

용기: (서럽게 운다.)


**#성현의 집**

성현: (현관문을 열며) 다녀왔습니다. 엄마 수능 성적 나왔어요.

성현 엄마: (성적표를 보고 머리를 쓰다듬으며) 잘했어, 우리 아들.


**#용기의 집**

용기: (현관문을 열고 기죽은 표정으로) 다녀왔습니다.

용기 엄마: (말 없이 손을 내민다.)

용기: (엄마에게 성적표를 준다.)

용기 엄마: (말 없이 아들을 바라보다가 뺨을 때린다.)

며칠 뒤 용기와 성현이는 같은 곳에서 면접을 보게 되고 면접 순서를 기다린다.


**#면접실**

면접관1 : 성용기, 정성현 들어오세요.

(용기, 성현 면접실로 들어간다.)

면접관1, 2 : (용기와 성현의 수능 성적표를 확인한다.)

성현: 안녕하세요. 정성현입니다.

면접관1 : 합격입니다. 축하드려요.

용기: 안녕하세요. 성용기입니다.

면접관2 : (용기의 성적표를 구겨 던지며) 불합격!!!


성현과 용기는 면접이 끝나고 각자의 집으로 돌아간다.


**#성현의 집**

성현: (신나게 집에 들어오며) 엄마 저 합격했어요.

성현 엄마: (기쁜 표정으로) 축하한다.


**#용기의 집**

용기: (처진 모습으로 현관문을 연다.)

용기 엄마: 어떻게 됐니?

용기: …… 떨어졌어요.

용기 엄마: (말 없이 아들을 바라보다가 뺨을 때린다.)

용기: (울면서 방으로 들어간다.)

#용기의 방

용기: (의자에 앉아서 헤드폰을 쓰고 기타를 치며 노래를 흥얼거린다. 그러다 창가 쪽으로 간다.) 나는 기타가 좋아!! (뛰어내린다.)

⑥ 구성된 연극을 연습하는 과정입니다. 연극 소조는 완성된 줄거리와 대본을 가지고 연습을 합니다.

소품 등을 담당한 학생들은 소품을 제작하거나 필요한 음악이나 음향을 준비합니다. 감독 역할을 담당할 학생이 없으면 브레인이 감독의 역할도 담당합니다. 논쟁조는 상대 팀의 질문을 예상하여 문제를 만들고 답변을 준비하고 상대 팀에게 질문할 내용을 준비합니다.

선생님은 교실에 흩어져 있는 네 개의 소집단을 순회하며 지도해야 합니다. 특히 어떤 활동에도 끼지 못하고 소외되어 있거나 무기력한 학생이 없도록 세심하게 역할 배분을 하고 연기지도를 해야 합니다.

## TIP

연습 단계는 학생들의 활동이 많고 매우 소란스러울 수 있다. 따라서 책상이나 의자가 없는 공간, 예를 들면 무용실 같은 곳이 있으면 빌려서 사용하는 것이 좋다.

⑦ 실제 공연과 같은 순서로 미리 프로그램을 진행해 봅니다.(리허설)

리허설에서 연극의 발표 순서, 논쟁시 발언 순서와 절차 등을 확정 짓습니다. 리허설의 목적은 DIE-논쟁학습의 절차와 규칙을 익히고, 실제 상황과 흡사하게 최종 점검을 하는 것입니다. 두 팀은 상대방이 어떤 내용의 연극을 준비하고 있는지 비로소 알게 되고, 따라서 상대 진영의 논리가 무엇인지 알게 됩니다.

따라서 논쟁조는 리허설 직후에 많은 준비를 해야 합니다. 상대방의 논리가 무엇인지 알게 되었으므로 어떤 지점에서 공격을 가하고 논박해야 하는지 찾아야 합니다. 반대로 어떤 지점에서 논박 당할 가능성이 큰지도 예상해야 합니다.

**TIP**
리허설은 공연과 똑같은 절차로 진행하되, 논쟁은 실제로 하지 않고, 논쟁 시 발언의 순서만 결정한다.

⑧ 양 팀이 준비한 연극을 실제로 공연합니다.

찬성/반대 중 어느 쪽이 먼저 공연할 것인지는 리허설 때 미리 정합니다. 공연시 교실 배치는 다음 그림과 같이 합니다. 가운데 공간을 무대로 사용하고 각 팀이 상대 팀을 보면서 공연합니다.

**TIP**
교사가 공연 전에 '연극적 상황'의 개시를 알리는 사인을 주는 것이 좋다. 예를 들면 교사가 모자를 쓴다든가, 소리로 사인을 보낼 수 있다. 이 프로그램 전체가 어떤 쟁점을 해결하기 위한 방송토론이나 국회공청회 등을 가정하는 연극적 상황이기 때문이다. 교사는 연극 상황의 개시를 알림과 동시에 방송 아나운서나 국회의 특위위원장 역할을 담당한다.

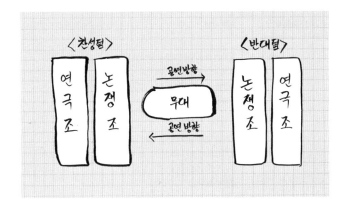

논쟁조는 상대방이 공연을 하고 있는 도중에 큰 소리로 "잠깐!" 하고 외칠 수 있습니다. 이렇게 되면 공연이 잠시 중단되었다가 속개됩니다.

공연 중단 요청(소위 '태클 걸기')은 두 가지 기능을 합니다.

첫째, 장차 이 지점에서 논쟁을 제기할 것임을 예고합니다. 따라서 상대방이 공연 도중 "잠깐!"을 외치면 논쟁조는 그 부분에서 어떤 문제제기가 들어올 것인지 미리 생각해 두고 토론을 준비해야 합니다.

둘째, 공연 중간에 기분 전환과 놀이적 요소를 가미합니다. 학생들은 공연 도중 "잠깐"을 외치면 연기자들이 정지하는 놀이를 즐거워합니다. 하지만 여기에 제한이 없다면 장난삼아 수많은 중단 요구가 나올 수 있기 때문에 3회 내외로 제한하는 것이 좋습니다.

공연이 이루어지는 차시에 논쟁도 함께 이루어지기 때문에 한 차시 수업을 다음과 같은 순서로 진행합니다.

| 순서 | 활동명 | 활동 내용 | 소요시간 | 비고 |
|---|---|---|---|---|
| 1 | 연극 상황 개시 | 교사는 준비된 시그널을 통해 토론을 주관하는 역할로 변신한다. 학생들은 논쟁하는 두 당사자나 단체의 구성원으로 변신한다. | 1 | |
| 2 | 공연 | 토론에 앞서 자료화면을 먼저 검토하는 형식으로 연극을 공연한다. 찬/반 중 어느 쪽이 먼저 공연할지는 리허설 때 미리 결정해 둔다. 서로 상대편이 공연할 때 관객이 되며, 논쟁조는 이후 문제제기할 부분을 "STOP" 시켰다가 "PLAY"시켜서 문제제기 표시를 한다. 한쪽 공연이 끝나면 곧바로 상대편 공연으로 들어간다. | 20 | |
| 3 | 토론 | 교사가 진행자가 되어 토론을 진행한다. 토론은 서로 공연시 "STOP"했던 부분에 대해 문제제기를 하면서 시작하고, 이후 자유롭게 상호토론을 전개한다. | 15 | 길어질 경우 한 차시 연장 |
| 4 | 연극 상황 종료 | 교사가 약속한 시그널을 통해 연극 상황 종료를 알린다. | 1 | |
| 5 | 정리 | 준비한 학습지를 통해 연극과 토론으로 얻은 지식과 자신의 생각을 정리한다. | 8 | |

⑨ 공연이 끝나고 나면 양 진영은 서로 마주보고 앉습니다. 이때 논쟁조가 앞줄에 앉고, 연극조는 뒷줄에 앉으며, 브레인은 앞줄 가운데에 앉습니다.

논쟁조의 숫자가 적기 때문에 앞줄의 자리가 남을 경우 연극조에서 대본짱, 감독, 주연급들이 앞줄에 앉습니다.

논쟁의 상황 역시 학생으로서 논쟁하지 않고, 방송토론, 공청회 등 일종의 연극적 상황으로 진행합니다. 따라서 선생님은 계속하여 진행자의 역할을 수행하면서 논쟁을 진행합니다. 한편 논쟁조는 국회의원, 정부 관료, 관련단체 대표, 전문가 등의 역할을 수행하면서 논쟁에 참가합니다. 연극조 역시 자기 배역을 계속 수행하면서 방청객 토론이나 진행자 인터뷰 등의 형식을 빌려 논쟁에 참가합니다.

선생님이 진행자 역할을 잘 연기한다면 보다 효과적이겠지만, 무엇보다도 실제로 토론을 잘 이끌어가는 것이 중요합니다. 학생들의 논쟁은 예상 외로 활기가 없거나 엉뚱하고 지엽적인 문제로 다투는 경우가 많기 때문에 선생님은 적절한 발문과 진행의 노련함을 발휘하여 토론을 이끌고, 학생들이 고루 발언할 수 있도록 해야 합니다.

⑩ 논쟁이 끝나면 연극적 상황 종료를 선언합니다.

이제 선생님은 토론 진행자가 아니며, 학생들도 더 이상 '찬성팀'이나 '반대팀'이 아닙니다.

학생들은 찬성, 반대의 입장들을 두루 되돌아보면서 평가하고 나름의 판단을 내려보는 반성적 정리활동을 수행합니다. 이때 평가지를 작성하는 것이 도움이 됩니다.

# TiP

반성적 정리활동은 특별히 중요하다. 교육연극이 반성적 과정을 거치지 않을 경우 학생들은 자기가 속했던 팀의 입장과 논리를 그대로 간직한 채 교실을 나가게 되기 때문이다. 이 수업의 목적은 쟁점의 상반된 두 입장의 논리와 그것이 초래하는 결과를 두루 살펴보라는 것이지, 이 중 어느 한쪽 입장에 고착되라는 것이 아니다.

## 3) 수업 흐름도

| | 단계별 활동 내용 | 준비물 |
|---|---|---|
| 1차시 | 쟁점 확인<br>↓<br>모둠 구성<br>↓<br>역할 나누기 및 회의 | 워크북 |
| 2차시 | 연극 구성 및 논쟁 준비 | 자료 |
| 3차시 | 연극 연습 | 대본 |
| 4차시 | 리허설 | 소품, 의상 |
| 5차시 | 공연 및 논쟁 | 소품, 의상 |
| 6차시 | 정리 | 학습지 |

# 연극 – 논쟁 수업을 마치고

학년    반    번 이름 _____

1. 쟁점을 정리해 봅시다.

   (1) 각 입장별 연극의 줄거리는 무엇입니까?

   | 찬성 | |
   |------|--|
   | 반대 | |

   (2) 각 입장을 따를 때 얻게 될 장점은 무엇입니까?

   | 찬성 | |
   |------|--|
   | 반대 | |

   (3) 각 입장을 따를 때 문제가 되는 점은 무엇입니까?

   | 찬성 | |
   |------|--|
   | 반대 | |

   (4) 어떤 선택이 더 타당하며, 그 이유는 무엇입니까?

   | 선택 결과와 그 이유 | |
   |-------------------|--|

2. 소감

   이 학습활동을 하기 전과 마친 후, 여러분이 가지고 있는 국가 정책에 대한 관심과 시민 참여의 의의,
   쟁점이 된 사건에 대한 생각의 변화를 중심으로 자유롭게 쓰세요.



3. 학습활동 중 자신의 역할과 기여도를 쓰세요.

   (1) 어떤 활동에 참가하였습니까?

   ① 브레인   ② 대본   ③ 감독   ④ 토론   ⑤ 연기   ⑥ 효과

   (2) 자신이 기여한 부분이 무엇인지 구체적으로 써 보세요.

## **4** 변론 대신 연극으로 : 모의재판

### 1) 수업 배경

이 수업은 한 반을 두 개 조로 편성한 뒤, 각각 민사사건과 형사사건을 조사하여 이를 민사재판과 형사재판으로 재현하는 활동입니다. 일종의 시뮬레이션 수업이라고 할 수 있습니다. 언뜻 보면 앞에 소개했던 '특정한 주제로 연극 만들기' 수업과 비슷하지만, 재판 장면이 나오는 문학작품을 번안하는 것이 아니라 실제로 재판이 이루어졌던 사건을 재현한다는 점에서 차이가 있습니다.

이 수업은 목표도 다릅니다. 문학작품 등 텍스트를 연극으로 옮기는 것이 아니라, 실제처럼 재판을 재현해 봄으로써 재판의 절차, 까다로운 법률용어, 그리고 법률의 적용 원리 등을 익히는 것이 수업의 목표입니다.

이 수업은 활동이 까다롭고, 재연해야 할 사건이 경우에 따라 적합하지 않을 수 있습니다. 따라서 초등학생을 대상으로 할 때는 선생님이 가상의 사건, 가상의 법을 만들어 놓고 진행하는 것이 바람직합니다.

### 2) 수업 진행

워밍업 **3**이 좋다.

① 학급을 두개의 모둠으로 편성하여 각각 형사재판조와 민사재판조로 나눕니다.

각 모둠의 구성원들은 다음과 같이 역할을 분담합니다.

| 역할 | 인원 | 담당하는 일 | | 비고 |
| --- | --- | --- | --- | --- |
| | | 준비할 때 | 발표할 때 | |
| 재판장 | 1 | 조 전체를 지휘함 | 재판을 진행함 | 브레인 |
| 배석판사 | 2 | 사건을 검색하고 판결문 작성 | 재판 진행을 보조함 | 발표 전에 완성 |
| 원고 측 변호사 | 1 | 원고 측 증인의 사건 재연극을 완성함 소장 완성함 증거물 제작함 | 원고를 변론하고 피고 측 변호사를 반박함 | 감독 겸 배우 실제로 논쟁을 하는 것이 아니라 서로 주고받을 말을 미리 정함 |
| 피고 측 변호사 | 1 | 피고 측 증인의 사건 재연극을 완성함 변론서 완성함 증거물 제작함 | 피고를 변론하고 원고 측 변호사를 반박함 | |
| 원고 | 1 | 사건을 재현하는 여러 종류의 연극을 같이 연습함 | 사건 재연극 보여줌 (원고 측, 피고 측 두 편 제작) | 사건 재현 |
| 원고 측 증인 | 3 | | | |
| 피고 | 1 | | | |
| 피고 측 증인 | 3 | | | |
| 서기 | 2 | 자료 수집을 도움 | 재판 과정을 기록함 | 보고서 작성 |
| 법원경찰 | 1 | 각종 소품을 제작함 | 재판정의 질서 유지 | |

## TIP

이 표는 민사재판조 기준이다. 형사재판조의 경우는 원고 측 변호사 대신 검사가 등장하며, 원고 대신 고소인(피해자)이 등장한다. 고소인은 법정에 자리 잡지 않고, 증인으로만 참석한다.

② 재판으로 재현할 사건을 조사합니다.

재판만 재현할 뿐 아니라 사건 자체도 연극으로 재연하여야 하기 때문에 다음과 같은 순서에 따라 조사를 진행하도록 합니다.

먼저, 신문 자료를 검색합니다.

재판기록보다는 신문 자료를 검색해서 사건에 접근하는 것이 이해하기에 더 쉽습니다. 민사재판과 형사재판은 매해 무수히 많이 치러지기 때문에 판례를 검색하는 것은 무리입니다. 신문에는 화제가 된 재판이 소개 되기 때문에 흥미로운 사건의 기록을 찾는 지침을 마련할 수 있습니다.

그다음, 신문의 재판 기사를 바탕으로 재판 기록을 검색합니다.

신문기사를 통해 사건개요를 확인한 뒤 기사에 소개된 사건명, 법원명, 선고일자 등을 참조하여 해당 법원 웹사이트에서 해당 재판기록을 확보합니다. 초등학생의 경우는 이 과정이 거의 불가능하기 때문에 선생님이 미리 사건 관련 자료들을 정리해 둡니다.

끝으로, 재판장, 배석판사, 검사, 변호사는 신문기사, 재판기록 등을 참고하여 사건의 내용과 쟁점이 되는 주장들을 정리합니다.

까다로운 법률용어, 기타 이해하기 어려운 내용 등은 선생님의 도움을 받습니다. 검사와 변호사는 사건을 각자 자기 의뢰인의 입장에서 재구성하여 공소장과 변론을 준비합니다.

재판장과 배석판사는 사건의 실체적 진실을 확인합니다. 변론 및 판결에 적용할 관련 법률은 선생님이 충분히 준비해 놓습니다.

③ 검사와 변호사는 증인들을 배우로 삼아 자신의 입장에서 재구성한 사건을 연극으로 만들어 공연할 준비를 합니다.

피고, 원고, 피해자(고소인)가 주연배우가 됩니다. 이들과 증인들은 피고 쪽에서 본 사건, 원고 쪽에서 본 사건 등 두 편의 연극을 공연하게 됩니다.

재판장과 배석판사는 판결문을 작성합니다. 특히 재판장은 재판 진행 절차를 숙지하고 여기 필요한 대사들을 준비합니다. 그리고 이를 서기, 경찰, 검사, 변호사에게 알려줍니다.

법원경찰을 담당한 학생은 이 단계에서는 각종 소품을 준비합니다. 법관 의상, 망치, 사건 재연에 필요한 각종 소품 등입니다.

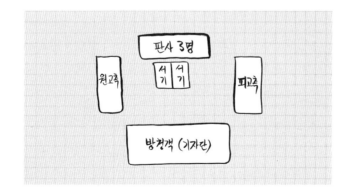

④ 교실을 법정으로 꾸미는 작업, 재판의 진행 절차 연습, 연극으로 재연될 증언을 할 때 증인들의 동선 등을 확인합니다.(리허설)

선생님은 학생들이 준비한 재판의 절차와 재판 용어 등을 바로잡습니다.


⑤ 발표는 실제 재판과 거의 같은 순서로 진행합니다.

- 입정(3분) : 방청객이 자리를 잡고 질서를 유지한 뒤 원고 측과 피고 측이 자리를 잡습니다. "재판장님 입정하십니다. 기립!" 재판장과 배석판사가 입장하며, 교실의 모든 사람들은 자리에서 일어섭니다.

- 공판 개정 선언(1분) : 재판장이 사건명과 그 사건에 대한 몇 번째 공판인지 명시하고 개정을 선포합니다. (의사봉으로 땅땅땅.)

- 원고 측 소장 발표 : 원고 측이 재판을 건 이유를 설명합니다. 소장에는 피고 측의 행위, 그것이 어떤 법에 어떻게 저촉되는지 구체적으로 나와야 합니다.

- 피고 측 변론 발표 : 피고 측은 자신들이 책임이 없음을 피고 측의 행위, 그리고 관련 법령에 따라 구체적으로 설명하여야 합니다.

- 증거 조사 : 원고 측이 먼저 증거를 제출합니다. 피고 측은 해당 증거에 대해 문제 삼을 것이 있으면 이의를 제기합니다. 문제가 없으면 증거는 채택됩니다. 증인의 증언

역시 일종의 증거로 간주합니다. 원고 측이 먼저 증인을 신청하고, 피고 측이 다시 증인을 신청합니다.

- 증언 : 실제 재판이라면 증인에 대한 원고 측, 피고 측 신문이 있겠지만, 이 수업은 이 부분을 연극으로 대신합니다. 증언을 말 대신 재연극으로 하는 것입니다. 먼저 원고 측 관점에서 재구성한 사건을 연극으로 공연합니다. 여기에 대한 반대 증언을 대신하여 피고 측 관점에서 재구성한 사건을 연극으로 공연합니다.
- 상호논쟁 : 원고 측과 피고 측이 제출된 증거와 재연된 연극을 바탕으로 서로 상대를 비판하며 논쟁을 합니다.
- 최후변론 : 양측은 마지막으로 변론을 합니다. 민사의 경우 원고는 피고에게 원하는 조치를 밝히며, 형사의 경우 검사는 피고가 받아야 할 형벌을 밝히는 구형을 합니다.
- 휴정 : 휴정을 선언하고 재판부가 교실 밖으로 나갑니다.
- 선고 : 재판부가 다시 입장한 뒤 선고를 합니다. 재판장이 미리 준비된 판결문을 발표합니다.

**TIP**

이 수업은 재판이 아니라 이미 이루어진 재판을 재현하는 것이다. 이미 원고/피고 중 어느 쪽이 승소하였는지 알고 있는 상태에서 이루어지기 때문에 원고/피고 측 연극 중 어느 한 쪽이 말이 안 되게 진행되는 것이 오히려 흥미를 돋울 수 있다.

⑥ 소정의 양식에 방청객으로서 바라본 재판에 대한 소감문을 작성합니다.

이 소감문은 학생들이 이 활동에 참가한 경험을 조직화하는 도구이자, 소란스러워지기 쉬운 방청석의 학생들을 집중시키는 도구이기도 합니다.

## 3) 수업 흐름도

| | 단계별 활동 내용 | 준비물 |
|---|---|---|
| 1차시 | 2개의 모둠 구성(형사재판/민사재판)<br>↓<br>역할 나누기 : 자료 조사 배분, 연극 역할 배분 | 학습지, 역할 배분<br>양식 등 |
| 2차시 | 자료 조사(사건, 재판기록 조사)를 토대로<br>재판 구성 | 자료 |
| 3차시 | 재판 및 원고 측, 피고 측 주장 공연<br>(형사재판) | 의사봉 및 법정<br>세트 및 의상 |
| 4차시 | 재판 및 원고 측, 피고 측 주장 공연<br>(민사재판) | 의사봉 및 법정<br>세트 및 의상 |
| 5차시 | 방청객 소감문 작성 | 학습지 |

소감문

## 방청객 참관록

학년    반    번  이름

재판의 개요

이 재판은

사건이다.

변론의 요지

원고(검사) 측

피고(변호사) 측

재판의 결과

이 재판의 판결문의 요지는 다음과 같다.

## 1) 수업 배경

21세기 교육의 핵심 화두는 창의, 융합, 협력으로 압축된다고 합니다. 창의성은 기존의 방식으로 해결할 수 없는 예기치 않았던 상황에 유연하게 대처하는 능력입니다. 그래서 창의적인 수업이란 이런 저런 작품을 만들어내거나 각종 미디어를 활용하는 수업이 아니라 유연하게 대처해야 할 의외의 상황을 만들어주는 수업입니다. 융합은 여러 분야의 지식과 기능을 가로지르며 학습하는 것입니다. 협력은 동료 혹은 선생님과의 상호작용 속에서 학습하는 것입니다.

이런 점에서 역사 수업은 상당히 까다롭습니다. 역사적 사건은 이미 명백하게 일어난 일이기 때문에 창조의 대상이 아닙니다. 그래서 자칫 잘못하면 역사적 사건을 확정된 지식으로 전달하는 수업이 되기 쉽습니다. 그러다 보면 역사적 상상력을 억압하여 역사를 단지 죽은 기록에 불과하게 만듭니다. 그렇다고 무작정 학생들의 창의성에 맡겨둘 수도 없습니다. 학생들이 역사적 사실을 제멋대로 상상하여 왜곡하는 것을 방치하는 것은 있을 수 없는 일이기 때문입니다.

이 수업은 이런 딜레마에 대처하기 위해 고안 되었습니다. 이 수업에서 학생들은 의외성에 직면하여 창의성을 발휘하여야 하며, 서로 다른 능력들을 조화시키면서 협력해야 합니다. 또한 연극, 미술, 기술을 자연스럽게 하나의 과업으로 통합하는 융합을 이루어야 합니다.

## 2) 수업 진행

수업의 진행을 좀 상세하게 살펴보도록 하겠습니다. 이 수업은 구조가 상당히 복잡하기 때문에 선생님은 사전에 충분히 수업을 이해하고 준비해야 합니다.

**TIP**

이 수업은 2인 1조가 그림을 그리는 것으로 시작한다. 따라서 특별한 연극놀이 방식의 웜업을 하지 않아도 괜찮다.

① 수업에 들어가기 전에 먼저 다음과 같이 사전 준비물을 확인합니다.

첫째, 가장 중요한 준비물은 수업에서 다룰 만한 역사적 사건입니다. 이 역사적 사건은 4~5개의 연속적인 사건이나 계기로 이루어진 것이 좋습니다. 예를 들면, 다음과 같은 도식이 그려지면 좋습니다.

**역사적 사건**

| | |
|---|---|
| 경제의 역사 | 원시경제 → 농업경제 → 산업경제 → 정보경제 |
| 중국의 근대화 운동 | 태평천국운동 → 양무운동 → 변법자강운동 → 신해혁명 |
| 프랑스 혁명 | 프랑스 대혁명 → 공포정치 → 왕정복고 → 7월 혁명 → 2월 혁명 |

둘째, 교과서에 충분한 관련 자료가 있는지 확인해야 합니다. 만약 부족하다면 별도의 자료를 선생님이 미리 제작해서 배포합니다.

셋째, B4 사이즈 백지를 준비합니다. 보통 도화지 등을 준비하라고 하면 안 가져오는 학생들이 있습니다. 미리 준비해 두었다가 나누어줍니다.

넷째, 그림 도구(간단한 색연필, 사인펜 등)를 미리 준비해 오도록 합니다.

다섯째, 촬영 도구(스마트폰, 디지털 카메라 등)를 준비합니다.

② 먼저 2인 1조를 편성합니다.

이번에는 평소에 친한 학생들끼리 짝을 이루어도 좋습니다. 이 2인 1조별로 B4 백지를 배부합니다. 두 사람이 하나의 그림을 그리는 것이 활동의 출발입니다.

③ 그다음, 주제별 모둠을 편성합니다.

이때 역사 속 각 사건별 혹은 시대별로 모둠을 편성합니다.

경제사의 경우 원시경제, 농업경제, 산업경제, 정보경제 네 모둠을 편성합니다. 이때 만약 32명이 한 학급인 경우 각 모둠별로 2인 1조가 4쌍씩 배당됩니다.

이제 각 모둠별로 해당 사건이나 시대에 대해 학습합니다. 모둠으로 모여 있기 때문에 가장 이해가 빠른 학생이 다른 학생들과 공유할 수 있도록 합니다. 학습을 마쳤으면 2인 1조로 그 시대나 사건을 가장 단적으로 표현할 수 있는 그림을 그립니다. 이때 학생들이 무작정 그리지 않도록 선생님이 그림의 가이드라인을 제시하는 것이 좋습니다.

- 경제사회적 관계(지배-피지배)로 인물의 캐릭터를 설정하여 그린다.
- 그 시대의 가장 전형적인 생산과 분배의 형태가 드러나도록 그린다.
- 그 시대의 배경을 조사하여 가능하면 수집된 자료를 토대로 근거 있는 표현을 하도록 한다.

**TIP**

그림 자체의 수준은 중요하지 않지만 너무 무성의하지 않도록 주의한다. 촬영을 하여 슬라이드로 만들어야 한다는 점을 학생들에게 알려주고 최선을 다해 채색까지 하도록 한다.

④ 모둠을 재편성 합니다.

이 수업은 기본적으로 직소 수업의 순서를 따라갑니다. 사건별, 시대별로 모였던 처음의 모둠은 실제 활동할 모둠이 아닙니다. 실제로 활동할 모둠은 다시 추첨하여 구성합니다. 추첨은 다음과 같은 방법으로 진행합니다.

첫째, A, B, C, D 가 적힌 카드를 사건별, 시대별 모둠 수만큼 만들어 둡니다. 예컨대 사건, 시대별 모둠이 네 개면 카드를 네 벌 준비합니다.

둘째, 각 시대별, 주제별 모둠별로 A, B, C, D 카드를 한 벌

씩 나누어 줍니다. 알파벳이 보이지 않게 뒤집은 상태에서 2
인 1조별로 카드를 하나씩 뽑습니다.

셋째, 추첨이 끝났으면 A, B, C, D 카드에서 같은 알파벳을
뽑은 2인 1조들이 모여서 새로운 모둠을 구성합니다. 경제사
의 예를 들면 원시경제 A카드, 농업경제 A카드, 산업경제 A
카드, 정보경제 A카드를 뽑은 2인 1조들이 모여서 새로운 모
둠이 됩니다.

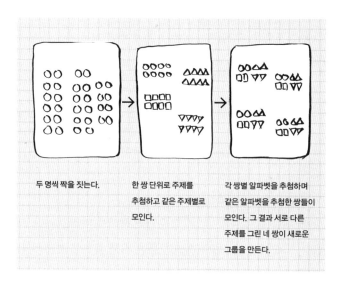

두 명씩 짝을 짓는다.

한 쌍 단위로 주제를
추첨하고 같은 주제별로
모인다.

각 쌍별 알파벳을 추첨하며
같은 알파벳을 추첨한 쌍들이
모인다. 그 결과 서로 다른
주제를 그린 네 쌍이 새로운
그룹을 만든다.

⑤ 새로운 이야기를 구상합니다.

이제부터 이 수업의 의외성이 시작됩니다.

학생들은 네 사건을 표현한 그림 네 장을 연결하는 이야기
를 만들어야 합니다. 문제는 이들이 그림을 그릴 당시에는 서
로 다른 모둠에 속해 있었으며, 장차 한 모둠이 될 것이라고

전혀 생각하지 않았다는 것입니다.

학생들은 서로 연관되어 있지 않은 그림들을 어떻게든 연결하여 일관된 이야기를 만들어야 합니다. 갖가지 아이디어를 내고 이 이야기를 다양한 방법으로 표현할 준비를 하여야 합니다.

⑥ 슬라이드 쇼 및 타블로를 제작합니다.

각 모둠은 역사적 순서대로 자신들이 이미 그려온 한 컷 만화들을 이어서 스토리를 만듭니다. 각 그림의 주인공들과 그 후손들이 이후 시대에 어떻게 살게 되었는지 그 시대의 경제사회적 상황 속에서 개연성 있는 이야기를 만들어야 합니다.

이야기 구성이 끝나면 그림을 촬영합니다. 반드시 그림 한 장이 사진 한 컷일 이유는 없습니다. 그림 하나를 여러 부분으로 나누어 찍을 수도 있습니다.

이렇게 촬영한 사진들을 파워포인트, 무비메이커 등을 이용하여 〈경제사 슬라이드 쇼〉를 제작합니다. 그림이 엉성하면 포토샵 등을 이용하여 멋진 그림으로 바꾸어줄 수도 있습니다.

슬라이드 쇼와는 별개로 활동 한 가지를 더 합니다. 이야기 구성이 끝나면 그림 속 상황을 타블로(움직이는 조각상)로 구성하여 표현합니다. 그리고 타블로를 사진으로 찍어둡니다. 또한 서사(내러티브)를 구성하여야 하므로 진행자를 두어 타블로의 동작을 지시합니다. 이 역시 영상으로 찍어둡니다.

⑦ 발표는 먼저 진행자가 각 시대, 사건에 대한 간단한 설명과 함께 슬라이드 쇼를 보여주는 것으로 시작합니다.

먼저, 슬라이드 쇼를 상영합니다. 해당 슬라이드가 상영되고 있을 때 모둠원들은 관련된 타블로를 교실 가운데에서 함께 만듭니다. 진행자의 지시에 따라 타블로가 움직이면서 상황을 보여줍니다.

## TIP

이 수업은 이 밖에도 다양한 방법으로 응용이 가능하다. 애니메이션으로 구성할 수도 있고, 다양한 이야기를 구성하여 연극을 만들기 위한 기초로 활용할 수 있다.

⑧ 팔로우업을 합니다.

모든 발표가 끝나면 학생들은 개인으로 돌아갑니다. 선생님은 학습지나 정리 질문 등을 통해 학생들이 그 동안 활동을 통해 학습한 내용을 정리하고 자기 것으로 만들도록 합니다.

## 3) 수업 흐름도

| | 단계별 활동 내용 | 준비물 |
|---|---|---|
| 1차시 | 주제 제시 및 2인 1조 그림 그리기 | |
| 2차시 | 모둠 재편성 4장의 종이<br>8인이 한 팀인 모둠 구성<br>↓<br>그림 4장으로 슬라이드 만들기<br>↓<br>이야기 구성과 타블로 구성(타블로 영상 촬영) | B4 사이즈 종이,<br>촬영 도구(스마트폰,<br>디지털 카메라) |
| 3차시<br>4차시 | 슬라이드 상영 및 타블로 발표 | 영상 및 슬라이드 |
| 5차시 | 정리 | 학습지 |

### 1) 수업의 배경

전문가의 망토(마법의 모자)란 어떤 상징을 통하여 그 문제의 전문가로 변신할 수 있고 전문가로서 주어진 문제를 해결하기 위해 참여하는 '드라마적 관습'의 한 종류입니다. 물론 그 상징이 반드시 망토일 필요는 없습니다. 어떤 형태이든 간에 학생이 스스로를 학생이 아니라 그 분야의 전문가가 되었다고 가정하도록 하는 의미만 담겨 있으면 됩니다.

이 수업은 어렵고 복잡한 현실 세계의 과정을 실제처럼 구현한다는 점에서 시뮬레이션과 비슷하지만 그보다 상징적이고 추상적으로 처리한다는 점에서 차이가 납니다. 예컨대 '모의 법정' 수업은 실제 법정처럼 보이도록 여러 가지 소품과 의상을 준비하지만 전문가의 망토에서는 "이 안경을 쓰면 여러분은 변호사이며 여기는 법정입니다."라는 식의 약속만으로 충분합니다.

학생들에게 이런 저런 분야의 전문가로서 생각하도록 한다면 자신을 학생이라고 생각할 때는 감히 손도 대지 못하던 어렵고 복잡한 내용도 의욕적으로 학습할 수 있습니다. 특히 시뮬레이션 등과 비교할 때 전문가의 망토는 소품과 세트 등을 설치하는 데 들어가는 노고를 절약할 수 있습니다. 무엇보다도 학생들의 상상력과 창의력을 자극하며, 한정된 교실이라는 공간에서 거의 무한대의 전문 영역을 구현할 수 있다는 장점을 가집니다.

이를테면 학생들이 유엔의 회의나 국회 청문회 등에 참석하여 각종 문제를 해결하는 사람으로 활동하는 연극을 한다고 합시다. 전문가라면 마땅히 갖추어야 할 태도, 지식, 능력을 선보여야 하므로 책임감 있게 그 문제의 해결을 위해 일정한 시간 동안 노력하게 됩니다. 연극은 언제나 현재의 자기 자신이 아니라 '마치 ~인 것처럼as if' 연기하게 하는 것입니다. 우리는 해당 문제에 '전문가'라는 망토나 모자를 쓰게 하여 그 문제에 접근하도록 하는 것입니다.

전문가의 지위가 부여된 학생은 전문가로서, 선생님은 문제를 의뢰하고 질문하는 존재가 되어 연극에 참여합니다. 선생님도 교사 역할로 참여하며 질문의 내용을 상세하게 준비해야 합니다. 학생들은 충분한 전문적 지식을 갖추고 있지 않음에도 불구하고, 전문가 역할 안에서 가능한 한 자신이 지니고 있는 지식과 체험을 활용하여 주어진 과제를 해결하기 위해 최선을 다해 토론하고 의견을 제시해야 합니다.

이러한 점들을 고려해 보면 이 수업은 최근 수업에서 강조하는 진로, 융합, 창의, 자기주도적 학습 등의 요소를 고루 갖춘 완벽한 수업 모형이라고 볼 수 있습니다. 물론 특정한 수업 모형이 수업 그 자체를 결정짓지는 않음을 명심해야 합니다. 중요한 것은 선생님이 이를 어떻게 활용하는가입니다.

① 이 수업은 학생들이 평소에는 접해 보지 못한 전문가의 입장이 되어 활동하는 것이므로 선생님의 꼼꼼한 준비가 필요합니다.

첫째, 가장 중요한 준비물은 학생들이 전문가로 활동할 전문 영역입니다. 이 부분은 소품이나 장치가 아니라 선생님이 사전에 준비한 상황 설정, 말투와 대화 내용 등입니다. 여기에 소개하는 사례에서는 국제연합$^{UN}$으로 설정하였습니다. 이렇게 설정했으면 선생님은 자신이 국제연합에서 어떤 지위에 있는 것으로 스스로를 설정할지, 또 어떤 용어와 말투로 진행할 것인지 등을 미리 결정해 두어야 합니다.

둘째, 학생들이 어떤 전문가의 역할을 맡을지, 그리고 그 전문가의 자격으로 어떤 과제를 담당할지 정해야 합니다. 여기에 소개하는 사례에서는 학생들이 국제연합환경계획$^{UNEP}$의 조사관 자격으로 활동합니다. 국제연합환경계획 조사관은 세계 각 지역으로 파견되어 각 지역 환경문제의 실태 원인 및 해결 방안을 조사 발표합니다.

셋째, 망토 혹은 마법의 모자입니다. 전문가로 변신하는 것을 상징할 도구가 필요합니다. 꼭 망토나 모자일 필요는 없습니다. 하지만 모든 학생들이 동시에 착용했다가 벗기 용이한 것이 좋습니다. 안경의 경우는 원래 쓰고 있는 학생들도 있기 때문에 모자가 가장 무난합니다.

넷째, 관련 자료 및 검색 도구입니다. 아무리 스스로를 전문가라고 생각하고 전문가처럼 행동하려고 해도 알아야 가능합니다. 관련 자료가 미리 준비되어 있거나 혹은 관련 자료를 쉽게 찾을 수 있는 도구가 준비 되어 있어야 합니다. 세계 여행 관련 도서가 많이 비치된 학교 도서관에서 수업을 하면 이를 모두 해결할 수 있습니다.

다섯째, 이 수업에서 선생님은 단순한 교사가 아니라 '역할 속 교사'입니다. 역할 속 교사는 교사 역시 연극적 상황 속에서 하나의 역할을 맡고, 그 역할을 수행하면서 동시에 교사의 역할도 수행해야 합니다. 학생들이 전문가의 망토를 쓰는 순간 선생님도 역시 그 전문가 중 한 사람이 되어야 합니다. 실제로는 선생님이 전문가로 변신하는 순간 학생들도 동시에 전문가로 변신합니다. 선생님은 전문가로 변신한 학생들 속에서 좀 더 지도적인 위치의 전문가로서 연기하면서 다음과 같은 역할을 준비해야 합니다.

---

**역할 속 교사의 역할**

---

연극적 가능성과 학습 기회를 포착하여 문맥에 적절한 연극적 상황들을 제공한다.

---

연극의 허구로 들어가 학생들과 드라마 속에서 상호작용을 형성한다.

---

학생들의 흥미 유발, 행동 조절, 극 속 관계로 자연스럽게 들어갈 수 있도록 한다.

---

학생들의 전문가 역할에 적절한 긴장을 유발하고 도전을 불러일으키고 선택과 애매함을 만들어 이야기를 발전시키고 역할에서 상호작용할 수 있는 가능성을 만든다.

---

교사가 말하고 행위 하는 모든 것은 학생들이 드라마에 능동적으로 참여하여 전문가로서 진지하게 문제를 생각할 수 있도록 구조적으로 제공하는 것이어야 한다.

---

② 상황 설정 및 모둠을 편성합니다.

앞으로 하게 될 활동과 상황을 안내합니다. 변신할 전문가의 종류, 그리고 전문가의 망토 역할을 할 사인(안경, 모자, 숄 등) 등을 안내합니다.

### 국제연합환경계획 조사관

국제연합의 환경정책에 필요한 각종 환경감시, 환경평가, 환경과 관련한 기술적·과학적 업무를 담당한다. 인구증가, 도시화, 환경과 자원에 관한 영향 분석 및 환경생태에 대한 연례보고서를 작성하고 국제적으로 중요한 환경문제에 대한 각국 정부의 주의를 환기시키며 5년마다 지구 전체의 환경 추세에 대한 종합보고서를 발간한다. 따라서 조사관은 파견된 나라나 지역에 대한 인구증가, 도시화, 환경과 자원에 관한 영향 분석 및 환경생태에 대한 연례보고서를 작성하여 UN에 보고하여야 한다.

이제 모둠을 편성합니다. 학급을 모두 5개의 모둠으로 편성합니다. 이들은 장차 5개 권역별 조사팀으로 활동하게 됩니다.

③ 사전에 약속된 소품을 선생님이 착용함으로써 전문가의 망토가 발현됩니다.

이제부터 선생님은 국제연합환경계획 사무총장으로서

말하게 됩니다. 학생들은 국제연합환경계획 조사관으로서
활동합니다.

④ 과업을 제시합니다.

국제연합환경계획은 5년마다 지구 환경추세에 대한 종합
보고서를 국제연합에 제출하여야 합니다. 이에 사무총장이
각 지역으로 조사관을 파견하여 종합보고서에 들어갈 지역
보고서 작성을 지시합니다. 조사관들이 담당해야 할 관할 구
역의 분류는 다음과 같으며, 조사관들은 이 구역들 중 하나
를 담당하게 됩니다.

| 팀 명 | 담당 권역 | 권역 내 국가 |
| --- | --- | --- |
| 조사 1팀 | 아시아 1권역 | 대한민국, 일본, 중국, 대만, 홍콩, 몽골 |
| 조사 2팀 | 아시아 2권역 | 동남아시아, 인도, 서남아시아 |
| 조사 3팀 | 유럽 권역 | 유럽과 러시아 |
| 조사 4팀 | 아프리카 권역 | 아프리카 전역 |
| 조사 5팀 | 북미 권역 | 미국, 캐나다, 멕시코 |
| 조사 6팀 | 남미 권역 | 멕시코 이남의 아메리카 |
| 조사 7팀 | 오세아니아 권역 | 오스트레일리아, 뉴질랜드, 뉴기니 및 남태평양 제군도 및 나라 |

각 팀별로 담당할 권역의 결정은 제비뽑기 등으로 무작위
로 결정합니다.

담당 권역이 결정되었으면 팀 내의 역할 분담을 하도록 합니다. 다음과 같은 역할들이 반드시 필요합니다.

**팀 내의 역할 분담**

| | |
|---|---|
| 팀장 | 조사 및 보고서 작성을 총괄하며, 수집된 자료를 정리하여 보고서로 작성한다. 특별한 이유가 없는 한 발표를 담당한다. |
| 조사관 | 자료를 수집한다. 특히 사진과 도표를 충실히 수집한다. |
| 편집자 | 수집된 자료를 팀장의 아웃라인에 따라 정리하고, PPT발표 자료를 제작한다. |

⑤ 각 팀은 담당 권역에 가서 현지 조사를 실시합니다.

물론 실제로 갈 수 없기 때문에 관련 문헌과 인터넷 등을 활용합니다. 조사는 무작정 하는 것이 아니라 실제 조사관처럼 조사 요강에 따라 실시합니다.

각 권역의 주요 국가 3개국을 지정하여 다음의 사항을 중심으로 조사한다.

- 일반적인 현황(면적, 인구, 인구밀도, 국민소득, 주요 산업)
- 인구 증가 및 도시화 정도 및 변천 동향
- 온실가스 배출 현황 및 변동 사항
- 주요 에너지 관련 동향
- 수풀 보존 관련 동향
- 향후 환경 동향 예측 및 과제

⑥ 조사 결과를 보고서 및 PPT로 작성합니다.

편집자는 조사자의 자료들을 수합하여 기초 보고서를 작성합니다. 팀장은 이를 바탕으로 보고서를 작성하는데 A4 종이 5매를 넘지 않도록 합니다. PPT는 편집자가 작성합니다.

⑦ UN총회에서 발표하는 형식을 취합니다.

세계 각국 대표들이 지켜보고 있다고 가정합니다. 선생님이 사무총장의 입장에서 총회에 출석하여 보고서를 발표하다가 해당 권역에 대한 발표를 담당 팀장에게 요청합니다. 팀장 혹은 각 권역별 발표자가 나와서 발표하고, 다른 조사관들은 필요한 질문을 합니다.

⑧ 선생님이 먼저 변신 도구로 약속한 망토를 벗고 선생님으로 돌아옵니다.

그와 동시에 학생들도 조사관에서 학생으로 돌아옵니다. 이 상태에서 준비된 소감문을 작성하면서 그 동안의 활동을 정리하고 자기 것으로 만듭니다.

## 3〉 수업 흐름도

| | 단계별 활동 내용 | 준비물 |
|---|---|---|
| 1차시 | 상황 설정 및 모둠 편성(역할 배분) 과제 부여, 자료 조사 내용 구성 및 배분 | 전문가의 망토, 스마트 기기 및 도서 |
| 2차시 | 자료 조사 ↓ 자료 정리 ↓ 발표 준비 | 스마트 기기 및 도서 |
| 3차시 4차시 | 모둠별 전문가 발표 및 질의응답 | 팀별 발표자료 |
| 5차시 | 정리(소감문 작성 등) | 학습지 |

**소감문**

1. 나는 ( 　　　　　 ) 지역을 담당하는 조사관이었다.

2. 이 지역의 주요 나라들은 다음과 같다.

|  |
|  |

3. 이 지역에서 조사한 나라들의 기본적인 사항은 다음과 같다.

|  | 나라 이름 | 인구 | 1인당 국민소득 | 도시화율 | 온실가스 배출양 |
|---|---|---|---|---|---|
| 1 |  |  |  |  |  |
| 2 |  |  |  |  |  |
| 3 |  |  |  |  |  |

4. 다른 권역 보고에서 특히 인상적이었던 것은 다음과 같다.

|  |
|  |

5. 국제연합 회원국들에게 다음과 같은 건의 사항을 남기고 싶다.

|  |
|  |

167

# 05

## 진로 교육으로
## 단단한 꿈을 키우자

융합 연극 수업으로 학기말을 알차게 보냅니다

학교에서 선생님들이 가장 곤혹스러워하는 기간이 학기말입니다. 기말고사가 끝나고 방학을 앞두고 있기 때문에 학생들은 공부에 집중하기보다는 놀면서 시간을 보내려고 합니다. 그렇지만 기말고사에서 방학까지 2주가 넘는 긴 시간을 의미 없이 보낼 수는 없습니다. 학교에 왔으면 학생들은 뭔가 배워 가야 합니다. 하지만 억지로 교과서 진도를 나간다한들 별 효과를 기대하기 어렵습니다.

이 기간에 여러 분야, 여러 영역을 융합한 프로젝트 수업을 할 수 있다면 얼마나 좋을까요? 더구나 그 프로젝트가 어떤 예술적인 표현과 성취를 할 수 있는 것이라면 얼마나 더 좋을까요?

바로 여기서 그런 수업 몇 가지를 소개합니다. 여기에 소개하고 있는 수업들은 교육연극의 근본 원리인 "as if~"를 이용하여 여러 교과, 여러 영역이 하나로 어우러질 뿐 아니라 학생들이 마치 축제와 같이 즐길 수 있는 그런 수업들입니다. 물론 이 과정을 진행하면서 자기도 모르게 많은 것들을 배울 수 있기도 합니다. 학기말, 긴 시간을 써먹기에는 더 할 나위 없이 좋습니다.

# I 간단한 영화 만들기

## 1〉 수업 배경

한 편의 영화를 만들기 위해서는 여러 사람의 협력이 필수입니다. 그만큼 영화 제작 프로젝트는 학생들이 저마다 자신의 특기를 가지고 나름대로 기여할 수 있고, 누구도 소외되지 않는 활동입니다. 또한 영화는 어떤 과목, 어떤 영역에서도 소재를 가져올 수 있으며, 영화를 제작하는 과정 자체가 여러 교과 영역에 걸친 능력을 요구하는 융합 활동입니다.

처음에는 영화가 아닌 UCC라는 용어를 사용했습니다. 그러나 UCC에는 파워포인트나 프레지를 이용해서 제작한 UCC가 포함되기 때문에 이 용어 대신 '영화'라는 말을 사용하기로 했습니다. 파워포인트나 프레지 콘텐츠는 한두 사람의 집중적인 노력으로도 완성이 가능하기 때문에 완전한 협력을 이루기 어렵고, 모둠 활동을 하더라도 무임승차를 배제하기 어렵습니다. 반면 영화는 진정한 협력이 이루어지지 않으면 완성할 수 없습니다.

이 수업은 단지 영화를 만드는 프로젝트가 아닙니다. 영화 제작 과정에서 영화뿐 아니라 여러 교과와 영역에 걸친 학습도 일어나야 합니다. 따라서 주제와 반드시 포함되어야 할 내용 등을 미리 설정하고 시작해야 합니다.

이 수업은 여러 교과에 걸칠 수 있습니다. 따라서 내용에 따라 도덕과, 컴퓨터과, 기술과, 가정과, 음악과, 미술과 시간에 모두 이 활동을 진행할 수 있습니다. 만약 학기 중에 실시했다면 이 활동의 결과물을 가지고 여러 교과에서 동시에 점수를 부여할 수도 있습니다. 이것이 바로 융합 프로젝트 수업입니다.

### 2) 수업 진행

① 앞으로 진행할 활동을 소개하고 모둠을 편성합니다.

이 활동은 선생님이 제시하는 주제로 상영시간 8분~10분 정도의 영화를 제작하는 것입니다.

**TIP**

촬영 분량이 아니라 상영시간이 8~10분이라는 점을 학생들에게 주지시켜야 한다. 편집의 묘를 어떻게 살리느냐에 따라 상영시간은 얼마든지 늘어날 수도 있고 줄어들 수도 있다.

학생들은 모둠당 15~16명으로 편성합니다. 이보다 숫자가 적을 경우는 현실적으로 영화 제작이 어렵습니다. 따라서 소규모 학급의 경우는 선생님의 지원이 많이 필요합니다.

선생님은 영화를 제작할 때 필요한 업무들을 소개한 뒤, 한 모둠의 학생들을 다음과 같이 편성하도록 합니다.

**TIP**

촬영과 편집 등은 기술이 필요한 일이다. 모둠원 내에 이런 기술을 보유한 학생이 없거나, 한 모둠에 편중되어 있으면 교사가 개입하여 조정한다. 만약 기술 보유자가 부족하면 기술을 보유한 학생은 모둠과 무관하게 일을 할 수 있도록 조정한다.

| 역할 | 업무 | 인원 | 비고 |
|---|---|---|---|
| 감독 | 영화의 최초 아이디어를 구상하고 촬영에 앞서 상세한 촬영 계획과 콘티를 작성하며, 촬영 및 편집 과정을 지휘 및 총괄한다. | 1 | |
| 제작 | 감독이 원하는 촬영과 편집 등이 가능하도록 여러 가지 제반 조건을 마련한다. 촬영 장비·촬영 장소 확보, 촬영 일정 조정, 배우 및 스태프 섭외 및 관리를 한다. 또한 영화 제작 과정을 정리한 제작 일지 작성한다. | 1 | |
| 시나리오 | 감독의 아이디어를 바탕으로 연기가 가능한 대본을 작성한다. 이 대본을 바탕으로 감독이 촬영 방향, 음향 등을 첨가하여 콘티를 만든다. | 1 | |
| 촬영 | 촬영을 담당한다. 촬영 도구로는 디지털 캠코더, 디지털 카메라, 스마트폰 모두 가능하다. 두 사람이 서로 다른 각도나 거리에서 동시에 촬영하여 나중에 편집 효과를 얻는 것이 좋다. | 2 | |
| 배우 | 실제 연기를 담당한다. 연극과 달리 연기의 한 단위가 짧아 대본 암기의 부담은 적으나, 스토리 진행 순서와 무관하게 촬영이 진행될 수 있기 때문에 연기 흐름 유지가 쉽지 않다. | 6~7 | |
| 편집 | 촬영된 동영상들을 편집하여 완성된 영화로 마무리하는 작업이다. 감독과 함께 작업한다. | 2 | |
| 음향/효과 | 편집 시 삽입할 각종 음악, 음향 효과, 자막 등을 제작하고 감독과 함께 작업한다. | 2 | |

② 영화로 제작할 주제를 선정합니다.

영화로 만들기 좋은 주제로는 다음과 같은 것들이 있습니다.

첫째, 사회문제입니다. 노인문제, 외국인 노동자문제, 청년

실업문제, 빈부격차문제, 정보격차문제, 사교육문제, 무상급식과 복지문제, 환경생태문제, 정보화 부작용 문제 등 현대사회의 여러 가지 사회문제 가운데 우리 사회와 보다 밀접한 내용으로 정합니다. 이런 사회고발성 이야기들은 소재를 구하기가 쉽기 때문에 학생들이 상당히 선호합니다.

둘째, 권리의 침해와 구제 사례입니다. 범죄, 권력 남용, 기타 이유로 인해 인권이 침해되었으나, 적절하고 정당한 절차를 통해 권리를 구제 받은 사례를 영화로 만듭니다. 이 역시 소재를 구하기 쉽기 때문에 학생들이 선호하지만, 초등학생보다는 중학생에게 보다 적합합니다.

셋째, 갈등과 그 해결에 관한 사례입니다. 친구, 가족, 사회 집단, 혹은 국가나 민족 간의 갈등이 발생했으나 이를 해결한 혹은 해결하지 못한 사례를 영화화 합니다. 학년이 낮을수록 친구, 가족의 사례, 학년이 높을수록 사회 집단, 국가, 민족 간의 사례를 다루는 것이 좋습니다.

넷째, 아무개의 현재와 미래도 좋습니다. 가상의 인물, 혹은 학급의 실제 인물 아무개의 현재의 생활 모습과 그로부터 20년 뒤 아무개의 생활 모습을 소재로 삼아 상상력을 이용하여 영화를 제작합니다.

그 밖에도 교과나 영역에 따라 다양한 영화 주제가 나올수 있습니다. 주제 자체를 학생들더러 찾으라고 하기보다는 선생님이 주제를 제시하고 학생들에게 소재를 조사하도록 하는 것이 좋습니다.

③ 주제가 결정되었으면 주제와 관련된 사례를 조사합니다.

실제 사례를 그대로 영화화 할 수도 있고, 그것을 이용하여 새로운 이야기를 만들 수도 있습니다. 몇 개의 사례를 엮어서 새로운 이야기로 재조합할 수도 있습니다. 감독과 시나리오 작가가 특히 이 단계에서 긴밀하게 협조하여야 합니다.

④ 감독은 이제 결정한 스토리를 바탕으로 각 장면과 각 장면의 줄거리들, 그리고 각 장면의 대략적인 화면 구성 등을 표시한 스토리보드를 작성합니다.

스토리보드를 작성하고 나면 이것을 구체적인 대사로 옮기는 작업을 작가에게 지시합니다.

**장면#1**

교실 : 방과 후 아무도 없는 교실에서 은성이와 재원이가 주먹을 휘두르며 싸우고 그것을 말리는 과정에서 수림이가 은성이의 주먹에 맞아 기절함.

**장면#2**

병원 로비 : 수림이 엄마가 은성이에게 거칠게 항의하고, 은성이는 이게 재원이 탓이라고 둘러댐.

⑤ 스토리보드를 바탕으로 작가는 등장인물과 대사가 들어간 극본을 작성합니다.

이때 대본으로 지나치게 상세하게 뭔가 보여주거나 설명하려 하지 말고 꼭 보여주어야 할 장면이나 대사가 아니면 과감하게 삭제하도록 합니다. 실제 영화의 몇 장면을 보여주면서 영화가 어떻게 생략과 삭제의 묘미를 살리는지 알려주는 것도 좋습니다.

⑥ 제작회의를 합니다.

제작회의는 필요하면 몇 차례 더 열려야 합니다. 촬영 이전에 최대한 많은 것들이 미리 결정되어 있는 것이 좋습니다. 제작회의는 제작자가 진행합니다. 제작회의에서는 다음과 같은 것들을 결정합니다.

첫째, 각자의 역할 숙지

둘째, 촬영 횟수 및 일정 결정

셋째, 첫 촬영 이전에 준비되어야 할 것들 체크(장소 확정, 대본 배부, 콘티 완성, 장비 확인 등)

제작자는 결정된 사항을 제작일지에 기록한 뒤 차질 없이 진행되도록 준비에 만전을 기합니다. 아래와 같은 일정표를 만들어 두는 것이 좋습니다. 영화 제작은 크게 촬영 전 사전 작업, 촬영, 촬영 뒤 사후작업으로 분류합니다. 여기에 따라 일정을 맞춰봅시다. 가능하면 전체가 모이는 촬영일은 이틀 이내로 할 수 있도록 조정해 봅니다.

| | 업무 단계 | 업무 | 일정 | | | | |
|---|---|---|---|---|---|---|---|
| | | | 7월 12~19 | 7월 21~28 | 7월 30 ~8월 3 | 8월 5~10 | 8월 12~19 |
| 1 | 사전 | 스토리보드 | ■ | | | | |
| 2 | | 대본 | ■ | | | | |
| 3 | 사전 | 콘티 | | ■ | | | |
| 4 | | 촬영 일정 확정 | | ■ | | | |
| 5 | 촬영 | 1차 촬영 | | | ■ | | |
| 6 | | 2차 촬영 | | | | ■ | |
| 7 | 사후 | 음향/ 효과 | | | ■ | | |
| 8 | | 편집 | | | | | ■ |

⑦ 감독은 시나리오 위에 장면 구성, 음향, 배경음악, 효과까지 모두 포함된 최종적인 대본인 콘티를 완성합니다.

이제 촬영과 편집이 이 콘티에 의해 이루어져야 합니다. 콘티가 완성되면 감독은 음향 담당에게 필요한 소리와 음악 등의 파일을 준비하도록 지시합니다.

⑧ 선생님은 촬영 전 조치사항을 점검합니다.

촬영은 여러 학생들이 학교 밖에서 많은 활동을 해야 하는 어려운 작업입니다. 따라서 선생님이 사전에 다음과 같은 것들을 조율해 둘 필요가 있습니다.

영화 제작의 의의와 일정에 대하여 간단한 안내문을 만들어 학생들에게 나누어주고, 유인물 하단에 학부모 서명란을 따로 두어 충분한 안내가 되도록 합니다.

학교에서 촬영이 이루어지는 경우 다른 선생님들과 행정실의 협조를 미리 얻어 학생들의 활동에 무리가 없도록 하고, 학교 밖에서 촬영이 이루어질 경우 각종 공원, 시설관리자, 수위 등과 트러블이 일어나지 않도록 '교사 확인서' 등을 만들어서 학생들이 가지고 다니게 합니다.

촬영 일정을 확인한 뒤 비현실적인 일정을 조정하고, 모둠원들이 모두 동의했는지도 확인합니다.

⑨ 드디어 실제 촬영입니다.

다음의 사항에 유의하여 촬영에 임하도록 합니다.

첫째, 제작자는 촬영일보다 적어도 3일 전에 배우들이 콘티를 받아 충분히 연습하도록 조치해야 합니다. 때로는 제작자가 작가와 감독을 닦달하기도 해야 합니다.

둘째, 촬영자를 둘로 합니다. 가능하면 매 장면마다 카메라 1과 2의 역할 분담을 명확히 해서 촬영하도록 합니다.

**TIP**

촬영은 두 명이 한다. 한 사람은 전체 장면을, 또 한 사람은 근접 촬영을 하는 식으로 감독이 결정한다. 두 명이 촬영할 경우 만일의 사태가 발생하여 촬영 원본이 훼손되었을 때 백업의 효과도 기대할 수 있다.

각 장면을 한 번에 다 찍으려 하지 말고 30초~1분 정도의 자잘한 파트들로 나누어서 촬영하는 것이 좋습니다. 그래야 동영상 파일의 크기가 지나치게 커서 컴퓨터가 읽지 못하는 불상사를 예방할 수 있습니다.

이 30~60초 정도의 유니트를 어떻게 나눌 것인지는 감독이 결정해 두어야 합니다.

제작자는 제작일지에 매 촬영 작업이 끝날 때 마다 다음과 같이 작성합니다.

8월 5일 10시 5분 장면1 파트1 테이크1 – NG
8월 5일 10시 20분 장면1 파트1 테이크2 – OK
8월 7일 10시 30분 장면1 파트2 테이크1 – OK

이것은 장면1을 몇 개로 나눈 중 첫 번째 부분 촬영, 첫 번째 찍은 것은 NG, 두 번째 것은 OK라는 뜻입니다.

하루의 촬영을 마치면 촬영기사는 즉각 메모리에 있는 동영상을 위의 예시와 같은 파일 이름으로 컴퓨터에 저장한 뒤 감독, 편집자와 공유합니다.

**TIP**

시나리오 순서대로 촬영할 필요 없고, 되는 장면부터 먼저 찍는다. 영화 촬영에서는 시간과 무관하게 같은 장소에서 일어난 장면은 다 같이 촬영할 수 있다. 예를 들어 올림픽공원에서 친구와 싸웠는데, 그 친구가 그만 입원을 해서 병문안을 갔다 온 뒤 친구와 싸웠던 곳에 가서 깊이 후회한다면? 싸운 장면과 후회하는 장면을 같이 찍고 병원을 나중에 찍거나, 병원 장면을 먼저 찍고 올림픽공원으로 이동해서 싸움과 후회 장면을 찍는 방법이 있다.

⑩ 음원을 준비합니다.

감독은 각 장면에 필요한 음원의 종류를 지정하여 음향기사에게 준비하도록 합니다.

⑪ 이제 촬영한 동영상 파일들이 모두 확보되면 감독과 편집자가 후속작업에 들어갑니다.

후속작업은 다음과 같은 순서로 진행합니다.

먼저 편집자는 영상 편집 프로그램의 기능을 숙지합니다. 영상 편집 프로그램으로는 기본적으로 설치되어 있는 윈도 무비메이커 정도로도 충분합니다.

편집자는 촬영 담당으로부터 동영상 클립들을 받습니다. 각 동영상들은 앞에서 예시한 것과 같이 장면, 파트, 테이크를 확인할 수 있도록 라벨링 되어 있어야 합니다.

편집자는 음향 담당으로부터 음원들을 모두 받습니다.

감독은 촬영이 끝나면 모든 파일을 직접 보면서 다음과 같은 편집 지침을 구체적이고 꼼꼼하게 기록하여 편집자에게 지시합니다.

영상파일 클립들 중 사용할 파일들, 그 파일에서 사용할 부분 및 각 파일의 연결 순서 : 장2 파3 테2의 30초~1분 23초까지. 그 다음에는 장2 파3 테2의 25초~1분 51초까지를 연결함.

편집자는 감독의 지시에 따라 장면들 오려 붙입니다. 이 작업이 끝나면 감독은 처음부터 돌려서 장면들이 어색하게 연결되지 않았는지 확인하고 필요하면 다시 작업합니다.

장면의 잘라 붙이기가 다 끝나면 이제 각 장면 혹은 장면 전환 부분에 각종 효과를 삽입합니다. 특히 장면과 장면 전환, 장면 중 강조하고 싶은 부분, 느린 재생, 일시적인 정지화상, 색 보정, 색 필터, 말풍선 등등이 삽입되는데, 이 역시 편집자 임의로 하는 것이 아니라 감독과의 협의 혹은 감독의 지시에 따라야 합니다.

준비된 음원 파일을 이용하여 음향 효과를 입히고 배경음악을 삽입합니다. 일단 배경음악이 삽입되면 장면 컷 변경이 불가능하기 때문에 신중하게 선택해야 합니다.

이제 자막을 삽입합니다. 가능하면 대부분의 대사를 자막으로 만드는 것이 좋습니다. 학생들이 보유하고 있는 카메라의 마이크는 연기자의 음성과 주변의 소음이 거의 같은 크기로 녹음될 가능성이 큽니다. 따라서 자막이 없으면 대사 전달이 되지 않습니다. 윈도 무비메이커의 경우에는 자막이라는 이름을 가진 기능이 없지만, '제목 제작진 만들기' 기능을 이용해서 간난한 자막 편집을 무리 없이 할 수 있습니다.

## TIP

자막은 무비메이커로 작성할 수도 있고, 동영상 완성 뒤 별도의 자막 파일로(smi) 만들 수도 있다. 이 경우에는 이지캡션과 같은 별도의 자막 편집 프로그램을 사용하여야 하며, 자막을 완성한 다음 영상과 맞춰 보면서 시간이 서로 일치하도록 싱크로 작업을 꼼꼼하게 해야 한다.

타이틀 부분과 엔딩 크레딧을 제작합니다. 타이틀에는 영화의 제목과 학년, 반을 표시하고 엔딩 크레딧에는 출연자와 제작진의 이름과 역할이 모두 나오도록 합니다. 특히 이 활동을 수행평가 등으로 활용할 경우 엔딩 크레딧에 이름이 나오지 않으면 평가에서 배제한다고 고지해 두어야 합니다. 편집자들과 자막 담당은 가능하면 한 컴퓨터로 작업하며, 작업한 결과물은 반드시 백업합니다.

마지막으로 동영상으로 변환(이 작업 없이 저장된 파일은 동영상이 아니라 편집 정보만 기록된 것입니다.)작업을 합니다. 영상 편집 프로그램에서 저장된 파일은 영상 클립의 어느 부분, 음원의 어느 부분을 어떤 순서로 배열할 것인지에 대한 정보를 기록한 것에 불과합니다. 학생들은 종종 이렇게 저장된 파일을 가지고 와서 발표를 못해 낭패를 보곤 합니다. 모든 영상 클립, 자막파일, 음원파일들이 처음 작업할 때와 같은 상태로 같은 폴더에 저장되어 있다면, 이 작업을 결합하여 하나의 동영상 파일로 변환하는 과정을 거쳐야만 하며, 이렇게 변환된 파일을 제출해야 합니다.

변환할 동영상은 두 종류를 만들어 두는 것이 좋습니다. 우선 용량이 큰 고화질의 AVI파일을 하나 만들어서 하드와 외장 하드에 저장합니다. 그리고 제출용으로는 보통화질의 mpeg파일을 하나 더 만들어 둡니다. 최근에는 모바일 기기 등에 저장이 용이한 MP4파일 등도 많이 사용됩니다.

⑫ 동영상 제출이 끝나면 적절한 시간을 선택해서 상영회를 갖습니다.

각 학급에서 자기들이 제작한 영화를 볼 수도 있고, 전교에서 우수작을 선정하여 교내 방송을 통해 시청할 수도 있습니다.

⑬ 상영회까지 마치면 팔로우업 활동을 합니다.

소감문 작성하기, 미리 준비된 활동지 작성하기, 감독과의 대화 등 몇 가지를 해볼 수 있습니다.

## 3) 수업 흐름도

| | 단계별 활동 내용 | 준비물 |
|---|---|---|
| 1차시 | 모둠 편성<br>↓<br>주제 선정, 역할 분담 | 영화 제작 안내자료<br>역할 분담표 |
| 2차시 | 스토리보드 확인 / 촬영 일정 계획<br>↓<br>대본, 콘티 확인 등 | 콘티 양식<br>일정표 양식 |
| 3차시 | 1차 촬영 중간점검 및 2차 촬영 계획회의<br>↓<br>음원 및 효과 점검 및 역할 분담 | 음원을 찾을 수 있는<br>스마트 기기 |
| 4차시 | 편집회의 및 역할 분담 | |
| 5차시 | 상영회 / 감독과의 대화 | 상영기기 |
| 6차시 | 소감문 작성 등 촬영후기 작성 | 학습지 |

### 1) 수업 배경

학기말이 되면 학생들의 마음은 벌써 방학으로 달려갑니다. 이런 학생들의 설렘을 억누르기보다는 오히려 활용하는 활동을 한다면 참 좋겠죠?

방학 하면 역시 여행입니다. 그런데 여행이 주는 즐거움 중 여행을 준비하고 계획할 때의 즐거움만한 것이 있을까요? 방학을 앞둔 학기말, 학생들에게 이 즐거움을 만끽하면서 동시에 세계 여러 나라의 지리와 역사도 공부할 수 있는 그런 시간을 만들어주는 것은 어떨까요?

지금 소개하는 수업이 바로 그런 수업입니다. 이 수업에서는 학생들이 쉽게 가볼 수 없는, 어쩌면 평생 가보지 못할 세계 여러 지역을 여행하기 위한 계획을 세우고, 마치 가본 것처럼 가상의 경험을 이야기로 꾸며서 이것을 친구들 앞에서 연극으로 보여주고, 가상의 경험과 실제의 자료를 활용하여 그 지역의 여행 가이드북이나 팸플릿을 제작하는 활동입니다. 이 수업은 다채로운 경험을 제공하며, 지리, 역사, 미술, 문학, 연극 등이 총동원되는 총체적인 활동입니다.

### 2) 수업 진행

① 먼저 장소를 확보합니다.

이 수업을 진행하기에 가장 좋은 공간은 학교 도서실입니다. 세계 여러 나라에 대한 책들을 얼마든지 열람할 수 있고, 컴퓨터로 검색도 가능하기 때문입니다. 사서 선생님이나 보조교사가 있다면 금상첨화죠. 만약 그것이 불가능하면 교과교실이나 특별교실이 좋습니다. 이 수업은 많은 자료가 필요하기 때문에 자료들을 한 공간에 미리 확보하여 비치해 두는 것이 편리합니다.

세계 여러 나라에 대한 자료와 도서들을 미리 준비해 둡니다. 교실에 미리 준비해 두기 어려운 상황이면 학생들에게 준비해 오도록 합니다. 가장 좋은 자료는 여행 가이드북입니다. 요즘은 스마트폰 등으로 볼 수 있는 여행가이드 앱도 많이 나와 있습니다.

검색 가능한 컴퓨터를 준비합니다. 태블릿PC도 좋겠지만, 자료의 복사와 이동이 용이한 일반적인 PC가 이 수업에 더욱 적합합니다.

켄트지, 색연필, 사인펜, 풀, 가위 등을 준비합니다. 여행 계획서와 팸플릿 제작에 필요한 도구들입니다.

② 학급을 여러 개의 모둠으로 편성합니다.

모둠의 수는 학생들의 자유에 맡깁니다. 12개의 모둠이 생기고 한 모둠에 2~3명뿐이라도 상관없습니다. 이건 즐거운 여행입니다. 여행은 뜻이 맞는 사람들끼리 가야 합니다. 친한 친구들끼리 추억을 만들 수 있도록 배려합니다.

모둠을 정할 때 먼저 모둠 이끔이를 몇 명 정하고 이들이 스스로 모둠을
구성하도록 하는 방식이 좋다. 학급의 규모가 매우 작은 경우에는 거기
에 맞춰 모둠의 숫자를 줄일 수도 있다.

모둠이 정해지면 모둠별로 여행할 권역을 선택하게 합니
다. 모둠끼리 여행할 권역이 조정이 안 되면 추첨으로 결정합
니다. 선택할 권역은 대륙 단위로 할 수도 있고 문화권역으로
할 수도 있는데, 이건 선생님이 필요에 따라 미리 결정해 놓습
니다.

- 대륙으로 나눈다면

  아시아

  아프리카

  아메리카

  오세아니아

  유럽

  극지역

- 문화권역으로 나눈다면

  동아시아 및 동남아시아

  서남아시아 및 북아프리카

  유럽과 러시아

  앵글로 아메리카

라틴 아메리카

오세아니아

여행할 권역을 결정했으면 모둠원들끼리 모여서 그 권역 내에서 여행할 나라를 결정합니다. 최소한 2개국을 여행하는 것으로 합니다. 단, 극지방인 경우는 남극과 북극을 모두 다녀오도록 합니다.

③ 모둠별로 여행계획서를 만듭니다.

여행계획서에는 다음과 같은 내용이 포함되어야 합니다.

첫째, 동선입니다. 여행 코스에 따라 이동할 동선을 해당 지역 지도에 표시합니다. 동선을 그리면 코스가 좀 더 현실적이 됩니다.

둘째, 비용입니다. 동선에 따라 이동하는 수단, 이동에 걸리는 시간, 그리고 이동에 소요되는 비용, 숙박비, 각종 식사비 및 입장료 등이 제시되어야 합니다. 실제 항공사, 철도 웹사이트, 관광지 사이트 등을 방문하여 시각표와 운임을 확인하도록 합니다.

셋째, 방문 예정 지역에 대한 여행 콘셉트를 미리 작성하도록 합니다. 해당 지역의 특징은 무엇이며, 그 지역에서 무엇을 주로 볼 것이며, 무엇을 주의해야 하는지 등을 상세하게 계획합니다.

넷째, 일정표를 작성합니다. 관광회사 등에서 제공하는 양식의 여행 일정표를 참고합니다. 일정표 양식은 여행사 웹사이트에서 내려받거나 선생님이 미리 준비해서 제공합니다.

다섯째, 비상시 계획도 세워야 합니다. 여행에서 발생하는 각종 비상 상황을 예상해 보고 그때 필요한 대처 계획을 미리 세워봅니다. 이때 필요한 각종 전화번호도 정리해 둡니다.

여섯째, 여행 준비물을 챙겨봅니다. 현금, 카드, 여권, 그리고 또 뭐가 필요할까요? 준비물을 미리미리 챙겨두고 가상의 짐도 싸 봅시다.


④ 여행을 떠납니다.

여기서부터는 허구입니다.

학생들은 자신들의 계획에 따라 마치 그 지역을 여행하고 있는 것처럼 친구들과 스토리를 만들어 갑니다. 어디에서 기차를 타고 가는데 창밖은 이러쿵저러쿵, 그런데 어디에 갔더니 뭐가 있었는데, 이렇고 저렇고. 이렇게 여행 에피소드들을 만들고 이것을 즉흥극으로 표현할 수 있도록 준비합니다.


⑤ 앗 돌발이다!

선생님은 각 여행 모둠에게 여행지에서 일어날 수 있는 돌발 상황을 하나씩 무작위로 던져줍니다. 학생들은 돌발적으로 발생한 난관을 해결해야 하는데, 반드시 여행하고 있는 지역의 실정에 맞게 해결해야 합니다.

- 여행지에서 여권을 잃어버렸다.

- 여행지에서 현금을 잃어버렸다.

- 여행지에서 갑자기 아프다.

- 여행지에서 경찰이 갑자기 가자고 하는데 뭐라고 그러는 지 모르겠다.

- 여행지에서 갑자기 반정부 시위에 휘말렸다.

- 여행지에서 자연재해를 만났다.

## TIP

돌발 상황을 준비하는 방법은 두 가지다. 하나는 선생님이 미리 여러 돌발 상황의 설정을 준비하는 것이고, 다른 하나는 학생들이 다른 모둠에게 여행 중 일어날 수 있는 난관을 발생시키도록 하는 것이다.

⑥ 여행을 마치고 돌아옵니다.

이제 다녀온 여행지를 소개합니다. 여행지의 소개는 다음 두 가지로 합니다.

첫째, 연극, 영화, PPT를 만들어봅니다.

친구들과 함께 다닌 여행기를 연극, 영화, 혹은 슬라이드 쇼 형식으로 보여줍니다. 사진 등을 조작하여 기념사진을 만들 수도 있고, 연극을 통해 마치 현지인 것처럼 보여줄 수도 있습니다.

둘째, 여행 안내용 포스터와 소책자를 제작합니다.

다음에 이 지역을 여행할 사람들을 위해 여행지를 안내하는 소책자입니다. 여행안내서 등을 참고하고, 그동안 조사했던 내용 등을 정리하여 예쁘게 제작합니다.

이 안내책자에는 돌발 상황 등의 경험과 실패를 바탕으로 두 번의 실패
가 없도록 꼼꼼한 유의사항 등이 들어 있어야 한다.

### 3〉수업 흐름도

| | 단계별 활동 내용 | 준비물 |
|---|---|---|
| 1차시 | 모둠 편성<br>↓<br>여행지 선정 | 여행지 안내지도 및 PPT |
| 2차시 | 여행계획서 작성 | 여행계획서 양식 |
| 3차시 | 돌발 상황 제시<br>↓<br>해당 지역에서의 돌발 상황 해결 스토리 작성 | 공책 |
| 4차시 | 발표 | 영상 및 PPT 상영 기기 |
| 5차시 | 여행후기 작성 | 학습지 |

# 3

## 1) 수업 배경

요즘 '진로'와 관련된 교육이 무척 강조되고 있습니다. 수업하기 힘든 학기말, 학생들이 즐겁게 시간을 보내면서도 진로에 대해 고민하고 꿈과 희망을 키울 수 있다면 일거양득이라고 할 수 있습니다. 학생들이 자기가 가고자 하는 길을 앞서서 가보았던 사람들의 경험과 시행착오를 생생하게 체험할 수 있는 수업이라면 이 보다 더 귀중한 시간은 없을 것입니다.

이 수업은 학생들이 자신과 같은 진로를 선택한 선배들의 시행착오와 경험을 퍼포먼스로 꾸며보고 이를 실제로 공연하는 수업입니다. 이 수업은 여러 인물들의 경험을 다만 재연하는 데 그치는 것이 아닙니다. 누군가의 경험에 여러 가지 다양한 효과를 주어 극적으로 표현하는 과정에서 꿈을 향한 신선한 아이디어가 생겨날 수도 있고 그 진로를 선택한 사람들의 보람과 애환을 상상할 수도 있습니다.

## 2) 수업 진행

① 각 분야의 인물들에 대한 신문, 단행본, 사진, 다큐 등의 자료와 개념도를 그릴 도화지를 준비합니다.

② A4용지를 나누어주고 '진로' 혹은 '꿈'에 대한 개념도를 그
리도록 합니다.

개념도를 그리는 방법은 다음과 같습니다.

먼저 도화지 한가운데에 자신이 가고자 하는 진로 혹은 꿈
을 적고 동그라미로 두릅니다.(진로는 최대한 구체적으로 적습니
다. 예컨대 막연한 의사보다는 한의사, 외과의사를 적는 식입니다.)

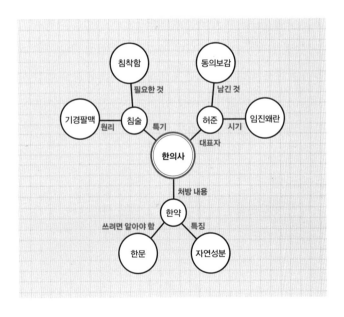

TIP

이때 선생님은 참고할 수 있도록 진로와 관련된 자료들(예를 들면, 홀랜드 진로표 등)을 함께 나누어준다.

진로 혹은 꿈과 관련되는 개념들의 목록을 작성합니다. 그 개념들 중 가운데 그려 놓은 진로, 꿈과 직접적으로 연결되는 것들을 둘레에 쓰고 연결선을 그립니다. 나머지 개념들은 둘레에 그려진 개념들 중 어디에 포함되는지 찾아 연결시킵니다.

③ 학급을 4~5개 모둠으로 나눕니다.

이때 모둠은 임의로 정하는 것보다는 진로나 꿈의 분야가 비슷한 학생들끼리 함께 모이도록 하면 좋습니다.

- 1조 : 의사, 한의사
- 2조 : 교사, 교육자
- 3조 : 정치가
- 4조 : 사업가
- 5조 : 법조인
- 6조 : 예술, 연예 등

④ 각 모둠별로 해당 모둠의 진로와 가장 관련이 깊은 인물을 한 명 선정합니다.

그리고 선정된 인물의 일대기를 조사합니다. 당장 자료가 마땅치 않으면 여기까지를 1차시로 하고 다음 시간까지 관련된 자료를 수집해 오도록 합니다. 선생님이 잡지나 인터넷 기사 등을 미리 준비해 오면 좋습니다.

⑤ 모둠별로 퍼포먼스를 위한 스토리보드를 구성합니다.

　A4용지 혹은 B4용지를 각 조별로 몇 장 나누어 준 뒤, 선정된 인물의 일대기나 특징을 잘 보여주는 간단한 퍼포먼스를 종이에 그리게 합니다. 나누어준 종이가 4장이면 4개의 장면, 5장이면 5개 장면으로 이루어집니다. 이를 바탕으로 스토리를 구성하도록 합니다.

⑥ 배역을 정하고 스태프와 연출자도 정한 뒤 각 장면별로 연습을 합니다.

　이때 필요한 소품이나 의상의 디자인도 함께 구상하며, 그 소품과 의상을 마련할 방법도 강구합니다.

⑦ 리허설을 합니다.

　리허설의 목적은 소품의 배치, 입장과 퇴장, 각 장면의 교체 등의 순서와 동선을 익히는 것입니다. 의상과 소품의 경우 동료들의 반응을 보면서 다시 만들지, 계속 사용할지 결정합니다.

⑧ 발표합니다.

⑨ 팔로우업을 합니다.

각 팀의 공연 내용을 각각 한 컷의 만화로 요약하여 그려 봅니다. 공연을 스틸컷으로 촬영해도 좋습니다. 그리고 교실 둘레에 포스트를 만들어 그림과 사진들을 순서대로 부착합니다. 학생들은 공연 후에 돌아다니며 그림과 사진을 둘러보고 각 포스트에 마련된 방명록에 자신의 생각을 기록하게 합니다. 방명록을 돌려보며 감상을 나눕니다.

## 3〉 수업 흐름도

| | 단계별 활동 내용 | 준비물 |
|---|---|---|
| 1차시 | '진로' 혹은 '꿈'에 대한 개념도<br>(혹은 마인드맵) 그리기<br>시간이 남으면 발표를 하도록 해도 된다. | A4용지(인원 수 만큼) |
| 2차시 | 4~5개의 모둠으로 나눈다.<br>각 모둠별로 분야별로 '꿈'을<br>이룬 인물을 선정한다.<br>↓<br>선정된 인물의 일대기를 퍼포먼스로<br>구성하기 위해 모둠 구성원들의<br>역할을 정한다. | 꿈을 이룬 사람들에 대한 자료 :<br>신문, 잡지, 인터넷 기사 등을<br>미리 가져가서 모둠별로<br>선택하도록 할 수 있다. |
| 3차시 | 모둠별로 퍼포먼스를 하기 위해<br>시놉시스를 구성하고 구체적인 장면을<br>그림으로 그린다. | B4용지(모둠 수×5장 내외,<br>장면 그리기 용도) |
| 4차시 | 연출자와 스태프, 배역 정하기<br>장면 그림을 바탕으로 의상 및<br>각종 표현 양식을 연구하고 준비물을<br>구체적으로 계획하여 적는다.<br>필요한 준비물 제작 등 제작회의를 한다. | 제작노트 양식을 프린트해 준다.<br>각 모둠의 연출자에게 연출시<br>유의할 점 제시한다. |

| 5차시 | 장면 연습 :<br>모둠별로 장면을 연습한다. | |
|---|---|---|
| 6차시 | 장면 연습 및 리허설-테크니컬<br>리허설 위주의 리허설,<br>각종 소품 및 표현을 위해<br>세밀한 준비를 한다. | 효과음악이나 PPT 배경 등과<br>내용 연결 연습. |
| 7차시<br>8차시 | 발표 :<br>각종 의상, 소품, 효과음악 등으로 표현.<br>촌극이 될 수도 있으나 퍼포먼스이므로<br>노래나 춤 등 다양한 상징 등을 사용하여<br>표현할 수 있다. | 러닝타임을 어떻게 주느냐에 따라,<br>모둠의 수에 따라<br>차시는 달라질 수 있다.<br>단, 다른 모둠의 발표를 보고<br>줄거리 및 소감을 적을 수<br>있도록 지도한다.<br>제작의 모든 과정을 각자 노트에<br>정리하도록 지도한다. |

## 1) 수업 배경

수학과 과학 과목은 어쩐지 연극으로 수업하기에 어렵게 느껴질 수 있습니다. 그러나 우리가 통합수업 내지는 융합수업을 통해 다양한 경험을 제공하고자 한다면 여러 가지로 시도해 볼 수 있습니다. 연극은 종합적인 활동이기 때문에 다양한 영역, 서로 이질적인 영역을 얼마든지 융합시킬 수 있습니다.

예를 들면, 신항로를 찾아가는 콜럼버스의 배를 설정하고 선원의 수와 신대륙까지의 거리 계산, 식량 계산, 만나게 될 기후의 변화 예측, 이들이 겪어내야 하는 질병과 영양소 결핍, 이용하는 배의 구조와 기능 등을 연극적으로 구성한다면 거의 전 교과가 총망라되는 훌륭한 융합수업이 될 수 있습니다.

이 수업은 과학이나 수학 시간을 이야기가 있는 연극 활동과 결합한 사례입니다. 사실 과학에서 다루는 운동, 에너지, 물질의 상태 변화 같은 개념들은 차가운 시험관에서 일어나는 현상이 아니라 우리가 일상생활에서 늘 경험하는 것들이니만큼 이야기로 만들지 못할 까닭이 없습니다.

## 2) 수업 진행 1 : 운동과 에너지

> 웜업 █이 좋다.

① 학생들을 4인 1조로 편성합니다.

그리고 다음과 같은 이야기를 학생들에게 제시합니다.

옛날에 가난하지만 효성 지극한 심경이가 살고 있었습니다. 그런데 어머니가 큰 병에 걸리신 것입니다. 의원님은 이제 가을이 가고 겨울이 오고 있는데, 방이 너무 추워서 그런 것이니 두터운 솜이불을 덮고 주무시면 금세 나을 것이라고 말했습니다.

하지만 가난한 심경이는 비싼 솜이불을 살 돈이 없었습니다. 그래서 심경이는 솜이불을 만드는 재료를 사서 직접 이불을 만들어 드리기로 했습니다. 어머니의 병을 낫게 하기 위해 무거운 솜이불이 필요한 심경이는 재료를 구하고 나서, 어머니가 덮기에 적당한 무게의 이불을 만들기 위해 애를 쓰고 있습니다.

② 간단한 웜업 활동을 합니다.

솜이불을 만드는 데 필요한 재료들이 무엇인지 몸으로 표현해 봅니다. 음악 소리와 함께 이불을 만드는 작업에 어떤 동작들이 필요한지 표현해 봅니다.

계절의 변화를 교사가 선창하면 몸으로 표현해 봅니다. 계절의 변화에 따라 이불의 상태가 어떻게 달라지는지 몸으로 표현해 봅니다. 날씨의 변화에 따라 이불의 상태가 어떻게 달라지는지 몸으로 표현해 봅니다.

이 활동들을 하면서 다음과 같은 과학적 질문들에 대해 생각해 봅니다.

하나, 솜이불을 만드는 데 필요한 재료 생각하기

둘, 솜이불을 만드는 데 필요한 재료의 무게 더하기

셋, 각 재료는 계절의 변화에 어떤 영향을 받을까?

넷, 날씨의 변화에 따라 이불의 무게는 어떻게 달라질까?

③ 설정한 상황 속에서 문제를 제시합니다.

예를 들면 다음과 같은 상황입니다. 선생님에 따라 다양한 상황을 설정할 수 있습니다.

심경이가 이렇게 열심히 만든 솜이불이 아뿔싸 그만 사라지고 말았습니다. 이웃나라 빡돌이가 훔쳐간 것입니다. 다행히도 심경이는 솜이불을 두 채 만들었습니다. 이불 빨래할 때 어머니가 덮으시라고 여벌로 만들어 둔 것입니다. 심경이는 여벌 이불을 꺼내어 어머니께 덮어드리고 이불 한 채를 더 만들 준비를 하고 있습니다.

**TIP**

만약 과학실에서 수업을 한다면 실제 측정도구, 실험도구 등을 연극 소품처럼 사용할 수 있다. 그러나 이게 위험하다고 판단되면 마분지 등을 이용하여 양팔저울 등과 같은 각종 도구의 모형을 소품처럼 제작하여 사용하도록 한다.

과제를 제시합니다.

하나, 똑같은 이불을 만들려면 재료 말고 또 어떤 도구들이 필요할까요?

둘, 필요하다고 제시한 재료와 도구들을 이용하여 똑같은 이불을 한 채 더 만드는 과정을 실제 상황처럼 표현해 봅시다.

### 3〉 수업 흐름도

| | 단계별 활동 내용 | 준비물 |
|---|---|---|
| 1차시 | 웜업 | 계절의 변화를 느낄 수 있는 적당한 음악 |
| | ↓ | |
| | 4~5개의 모둠으로 나눈다.<br>각 모둠별로 과학적 질문들에 대한 의견을 나눈다. | |
| | ↓ | |
| | 이불을 도난당한 후의 상황을 연극으로 만든다.<br>똑같은 무게의 이불을 만들기 위해 저울을 이용하는<br>장면을 무언극이나 즉흥극으로 보여준다. | PPT 그림 등 |
| | ↓ | |
| | 팔로우업 :<br>이불의 재료 무게 계산, 적당한 이불의 무게 계산 | |

## 4〉 수업 진행 2 : 물질의 상태

① 학생들을 4인 1조로 편성합니다.

**다음과 같은 이야기를 학생들에게 제시합니다. 다시 심경이의 이야기로 돌아갑니다.**

심경이의 어머니는 원하는 무게의 이불을 덮으셨는데 병이 낫지 않으십니다. 매일 기도를 하며 눈물을 흘리던 심경이가 어느 날 물을 떠 놓고 기도를 하던 중 잠이 들었는데 이상한 꿈을 꾸었습니다.

꿈속에서 심경이는 말하는 자라와 만나게 됩니다. 그 자라의 말에 의하면 용궁 속에 어머니의 병을 낫게 하는 귀한 약이 있다는 겁니다. 그런데 그 약은 심경이가 직접 용궁으로 가서 용왕님을 만나야 구할 수 있다고 합니다. 이 말을 듣고 기쁜 나머지 수영도 잘 못하는 심경이는 자라를 따라 바다 속 용궁으로 가겠다고 나섭니다. 가는 길은 매우 험난합니다. 길을 나서니 온 마을에 비가 내립니다.

온 세상에 먹구름이 드리워 컴컴하고 비는 억수로 내립니다. 그 길을 말하는 자라와 심경이가 함께 걸어갑니다. 가도 가도 바닷가에 가까이 가기 어려운데 이번에는 비가 아니라 우박이 떨어집니다. 우박 때문에 아파서 견딜 수가 없습니다. 떨어진 우박은 이내 녹아서 질퍽한 물이 되어 발이 미끄러집니다.

이렇게 한참 고생한 끝에 바다에 닿았는데 집채만 한 파도가 넘실거립니다. 파도가 얼굴을 때립니다. 코와 입으로 바닷물이 들어갔습니다. 정말 짠 소금 맛이 납니다. 수영을 잘 못하는 심경이는 어떻게 바다 속 용궁까지 갈 수 있을지 너무 무서워 눈물이 납니다. 자라에게 이끌려 바다 속으로 들어가 헤엄을 치면서 여러 바다 생물과 눈이 마주칩니다. 희귀한 바다 생물들은 책에서 본 것도 있고 처음 보는 것도 있습니다.

그런데 아 저게 뭐죠? 상어가 나타났습니다. 상어랑 눈이 마주친 심경이는 공포에 사로잡혀 소리를 지르며 잠에서 깨어납니다.

심경이는 잠에서 깨어나 주위를 두리번거립니다.

주위를 돌아본 심경이는 화들짝 놀랍니다. 이게 어찌된 일입니까? 꿈속에서 본 자라가 자기 침대 위에 그대로 있는 겁니다. 그리고 잠들기 전에 머리맡에 떠놓고 정성을 들이던 물그릇 속의 물이 한 방울도 남지 않았습니다.

어떤 일이 일어난 걸까요?


② 간단한 웜업 활동을 합니다.

물의 상태를 표현합니다. 음악과 함께 여러 가지 물의 상태를 시나 동화 속 이야기로 들려주면 학생들은 그 상태를 몸으로 표현합니다. (〈겨울왕국〉 이야기 같은 것도 활용하기에 좋습니다. 얼었다, 녹았다.) 위의 이야기를 들려주며 이야기를 몸으로 표현하기 놀이를 합니다.(물속으로 들어감, 비가 쏟아짐, 우박이

쏟아짐, 바다 속 풍경 등)

③ 각 조별로 드라마를 만듭니다.

　다음과 같은 장면들을 각 조별로 만들어봅니다. 한 조가 장면들을 모두 만들어도 좋고, 각 조별로 한 장면씩 맡아서 만든 다음, 모두 이어서 공연해도 좋습니다.

**장면#1**

심경이가 어머니의 병을 낫게 해 달라고 기도하는 장면

**장면#2**

심경이가 말하는 자라를 만나는 장면

**장면#3**

심경이가 용궁 가는 길에 비를 만나는 장면

**장면#4**

심경이와 자라가 바다 속에서 여러 생물들을 만나는 장면

**장면#5**

심경이가 상어와 눈이 마주치는 장면

④ 팔로우업으로 학습지를 작성합니다.

## 5〉수업 흐름도

| | 단계별 활동 내용 | 준비물 |
|---|---|---|
| 1차시 | 웜업 :<br>음악과 함께 여러 가지 물의 상태를 시나 동화 속<br>이야기로 들려주면 학생들은 그 상태를 몸으로 표현한다.<br>예시의 이야기를 들려주며 몸으로<br>표현하기 놀이를 한다.<br>↓<br>4〜5개의 모둠으로 나눈다.<br>장면 구성 후 발표한다. | 음악<br><br><br><br><br><br>PPT 그림 등 |
| 2차시 | 팔로우업 :<br>심경이가 만난 물의 여러 가지 모습을 열거한다.<br>심경이가 만난 바다 속 생물을 열거한다.<br>심경이가 만난 물의 상태를 물질의 변화에<br>적용하여 글로 적는다.<br>심경이에게 편지를 쓴다. | 학습지<br>편지지 |

학년    반    번  이름

1. 심경이는 용궁에 갔다 오는 동안 물을 참 많이 만났습니다. 그런데 그때마다 물의 상태가
   다 달랐습니다. 심경이가 만난 물의 모습들은 어떤 것들이었는지 적어봅시다.

2. 심경이는 용궁에 갔다 오는 동안 많은 바다 속 생물들을 만났습니다. 과학책이나 백과사전을
   보고 심경이가 만났던 바다 속 생물들의 이름, 특징, 사는 곳, 생활하는 방식 등에 대해 간단하게
   적어봅시다.

3. 심경이가 만난 물의 상태를 과학 시간에 배운 물질의 변화와 비교해서 어디에 해당되는지
   적어봅시다.

4. 기도하느라 떠 놓았던 물은 어떻게 되었을까요? 궁금해 하는 심경이에게 편지를 써서 알려줍시다.

## 보석 같은 아이들의 숨은 이야기

보통 중학교 졸업식 때는 교복 찢기나 각종 오물 투척 등 짓궂은 장난과 난동 때문에 선생님들이 바짝 긴장해 있기 마련입니다. 사실 선생님과 친구들과의 이별을 슬퍼하며 눈물을 훔치는 졸업식은 1960년대 이야기고, 요즘 아이들의 졸업식은 왁자지껄 떠들거나 마구 사진을 찍고 전화를 하는 등 어수선한 가운데 마치기 마련입니다.

그런데 2014년 2월 P중학교의 졸업식은 남달랐습니다. 학생들은 담담하면서도 서운한, 그러면서도 약간의 불안감을 감추지 않고 졸업식장에 모여들었습니다. 그리고 졸업식이 서서히 진행되면서 다른 학교에서는 좀처럼 보기 힘든 장면들이 벌어졌습니다.

식전행사 도중에는 사회를 보던 부학생회장이 오열을 하는 바람에 행사가 잠시 중단되었습니다. 본 행사에서는 졸업생 대표 회고사를 읽던 학생회장이 통곡을 하면서 행사가 중단되었습니다. 졸업장을 나눠줄 때는 학생들이 오열하고, 담임선생님들도 오열하고, 온통 눈물로 가득한 졸업식이 되었습니다. 누구 하나 장난을 치거나 난동을 부리려는 기척도 보이지 않았습니다. 내빈으로 참가한 시의원, 구의원들도 한결같이 "요즘 아이들 같지 않다." "이런 졸업식은 20년 동안 본 적이 없다."라며 눈이 휘둥그레졌습니다.

참 신기한 노릇입니다. 날마다 텔레비전에서는 과도한 학업 스트레스와 스마트 기기 중독으로 청소년들의 감수성이 무뎌진다며 설레발을 치는데, 이 아이들은 남의 나라 학생들 아니면 다른 시대 학생들 같았습니다. 졸업식이 끝나고 선생님들끼리도 의견이 분분했습니다. 학교가 사방이 큰 공원으로 둘러싸인 아름다운 풍광 속에 있어서 학생들의 정서가 맑기 때문이라는 해석도 있었지만, 그렇다면 바로 옆에 있는 학교 졸업식은 왜 그렇지 않았느냐는 반론에 막혔습니다.

그런데 혹시 연극 때문이 아닐까 하는 생각이 들었습니다. 저뿐 아니라 국어 선생님들까지 연극, 영화 등의 활동에 적극적이었기에, 이 졸업생들은 1년 동안 적어도 네 편 이상의 연극과 세 편의 영화 제작에 크건 작건 관여했던 경험들을 가지고 있었으니까요. 간단한 연극놀이나 즉흥극까지 감안하면 훨씬 더 많은 연극 경험을 했을 것입니다.

특히 졸업식 난동의 주범들인 이른바 일진급 학생들이 연극으로 이루어진 수업시간을 유쾌하게 보냈던 것, 평소에 소외되어 있거나 위축되어 있던 학생들이 뜻밖의 끼를 발산할 수 있는 기회를 얻었던 것이 이번 졸업식에 큰 영향을 주었을 가능성이 큽니다. 게다가 연극은 동료들과 긴밀한 협력을 통해 만들어지며, 서로의 신체가 만나는 활동이기 때문에 이 활동을 함께한 친구들은 이전과는 비교도 되지 않을 만큼 친밀해집니다. 그렇게 아이들은 중학교 3학년이라는 시기에 수많은 정서적 경험, 추억거리, 그리고 친밀감을 키웠던 것입니다.

물론 꼭 수업시간에 연극을 많이 했기 때문에 이토록 정서가 풍부한 학생들이 되었다고 단정 지을 수는 없습니다. 축구 클럽과 같은 다양한 활동들이 기여했을 수도 있습니다. 하지만 수업시간에 수시로 이루어진 다양한 연극 활동들이 이들의 졸업을 의미 있고 진지하게 만드는 데 큰 역할을 한 것만은 부정하기 어렵습니다. 느낌의 기회가 부족한 요즘 아이들에게 느낌과 지식을 함께 제공할 수 있는 수업, 총체적 앎이 이루어지는 수업으로 연극만한 것이 없다고 다시 한 번 느끼는 순간이었습니다.

졸업을 앞둔 3학년뿐이 아닙니다. 흔히 중학교 2학년들을 '공포의 중2,' 혹은 '나라를 지키는 중2'(북한도 중2가 무서워 남침을 못한다고들 하지요.)라고 합니다. 중학교 2학년 담임을 하고, 아홉 개 학급의 중2들과 수업을 하면서 오히려 즐거운 기억만 남았다면 그건 아마도 연극수업 때문이 아니었을까 하는 생각이 듭니다. 제 기억에 중학교 2학년 학생들은 다만 에너지가 충만하고 명랑한 아이들이었습니다.

연극을 활용한 놀이와 수업을 시작했을 때, 처음에는 매우 이상해 하고 약간은 귀찮아하기도 했습니다. 그런데 시간이

지날수록 연극은 언제 하느냐며 어서 연극을 했으면 좋겠다고 요구하는 학생들이 늘어갔습니다. 즐거운 수업시간에 학생들이 졸고 있을 리 없고, 반항을 할 리 없습니다. 협동을 하면서 서로 서로 친해진 아이들의 교실에 폭력이 난무할 리는 더더욱 없습니다.

중2들의 종업식 날. 우리 반 아이들은 마지막 인사 후 교실을 바로 나가지 않았습니다. 모두 한 명씩 교탁 앞으로 나와 선생님과 끌어안고, 악수하며 감사의 인사를 전했습니다. 눈시울을 적시며 선생님의 건강을 기원하고 사랑을 고백했습니다. 복도로 나서자 많은 아이들이 손 모양, 팔 모양으로 하트를 그리며 환호성을 질렀습니다. "선생님 사랑해요." 허억! 매우 쑥스럽습니다. 그런데 이 모든 사랑의 메시지들은 우리가 몸과 마음을 열고 전면적으로 공감하며 엮어낸 수업 때문이 아닐까요? 에너지 넘치는 중2들을 사로잡는 방법, 바로 교육연극 수업이라고 자신 있게 말하고 싶습니다.

중2, 그 중에서도 대표적인 말썽꾸러기들의 열정

학급마다 연극으로 활동을 하자 하면 기대 이상의 결과를 보이는 아이들도 있지만, 꼭 한두 명 정도는 소위 무임승차(거들지 않고 수행평가 점수를 받아가려는 얌체파)를 꾀하는 아이들도 있게 마련입니다. 그런데 2학년 모반에 들어가니 한 모둠 전체가 (남학생 여섯 명) 그 학년의 대표 말썽꾸러기들로 구성되어 있는 겁니다. 친한 아이들끼리 모둠을 짜도록 해달라고 조르기에 쿨하게 승낙했던 것이 불찰이었지요. 아니나 다를까 그 모둠의 활동은 늘 문제가 있었습니다. 매 시간마다 주어진 미션을 잘 이행하지 않고 딴짓 일색이었지요.

매시간 옆에 붙어 앉아 미션을 도와주기를 여러 차례……. 그럼에도 불구하고 그 모둠은 퍼포먼스 준비가 안 되어 발표를 못하고 말았습니다. 학기 초이므로 엄격한 지도가 필요하다 여기고, 조용히 불러내어 한소리 했습니다. "사람이 그렇게 살면 안 된다. 시간을 줄 터이니 해결방안을 제시할 때까지 교실로 들어오지 말아라." 잠시 후, 이 아이들이 저를 다시 복도로 불러내더라고요. 아주 숙연한 태도로 고개를 조아리고, 모둠장이 "선생님, 실망을 드려서 죄송합니다." 하며 다음 시간에 준비하여 발표를 잘 하겠노라고 다짐하는 것이었습니다. 어찌나 의젓하든지 또 한 번 속아주자 했습니다.

그리고 다음 시간, 배경 그림을 담은 PPT를 저장한 USB를 안 가져왔다며 벽을 주먹으로 치고(실제로 피도 났어요. 다혈질

소년!) 눈물까지 흘리는 녀석들. 자신의 불찰이니 다음 시간까지 시간을 주면 정말 잘 하겠노라고 또 다시 애원하는 것이었습니다. 이걸 어쩌나, 또 속아줘야 하나? 잠시 갈등을 했지만, 기회를 또 주기로 했습니다. 그 다음 시간(세 시간을 기다려 줬지요.)에 의상과 춤을 준비하고 발표를 제대로 마친 그 아이들의 뿌듯해 하는 모습이라니…… 2학년에서 가장 악명이 높았던 ○반, ○○○ 아이들의 무리가 그 후로는 사회선생님에게 가장 협조 잘하는 학급이요, 학생들이 되었다는 겁니다. 연극놀이로 몸을 부딪치고 기다림의 여유를 보여준 것이 좋은 결과로 나타난 것입니다.

장기 결석생도 참여하는 연극 발표시간

어느 학급에 결석을 밥 먹듯 하는 녀석이 있었습니다. 하루는 모둠을 처음 편성하고 모여 앉았는데 한 모둠의 대표가 심각한 얼굴로 저한테 와서는 ○○이가 속한 자기 모둠은 이미 감점 대상이니 선처를 해달라며 울먹이는 것이었습니다. 분명 결석을 할 것이 뻔한 ○○이에게 어떤 역할을 주면 좋을지 모르겠다며…….그래도 ○○이에게 반드시 역할을 주라고 잘 타일렀습니다. ○○이를 불러 네가 모둠 활동에 꼭 참여해야 한다고 다짐도 받았습니다.

○○이는 스페인의 투우 장면에서 소의 역할을 맡았는데 대사는 없었지만 소의 의상인 검은색 파카와 모자를 준비하여 빠짐없이 참여했습니다. 그 녀석은 그 후로도 결석이 잦았지만 모둠의 발표와 관계된 날에는 꼭 출석을 하였습니다. 중2는 친구들과의 신의가 아주 중요한 학년이지요. 소속감과 책임감 그리고 주인의식이 참 중요합니다. 비록 학교생활에 적응을 잘 못하는 아이였지만 연극을 함께해야 하는 시간에 자신의 존재감이 부각되자 스스로 책임감을 가지고 나올 수 있었던 것입니다.

**Episode 3**

도움반 친구(학습장애우)와 함께하는 연극수업

학교마다 학습장애로 도움이 필요한 아이들이 있습니다. 저희 학교에도 한 학년에 서너 명은 있었습니다. 모둠별 활동을 할 때마다 도움반 친구가 자기 모둠에 들어오면 아이들은 겉으로든 속으로든 난색을 표합니다. 그런데 연극 활동에는 도움반 학생들도 참여할 여지가 있기에 걱정이 없습니다. 비록 대사는 없어도 여러 가지로 역할을 나눌 수 있기 때문입니다. 단순한 반복 동작의 춤을 추거나 의상을 입고 코스프레 하는 것 정도는 잘할 수 있습니다.

오히려 그 친구가 속한 모둠은 협동이 더 잘 되었습니다. 서로 배려하는 마음에 흐뭇함을 느끼기 때문입니다. 이때 아이들의 소감문을 읽어보면 "○○이와 함께하는 시간이 되어서 참 좋았다. 평소에는 방해만 된다고 생각했는데 연극 시간에 같이 춤도 추고 표현하며 즐거워하는 걸 보니 어쩐지 뭉클했다." 등등의 내용이 눈에 띕니다. 이런 글을 읽노라면 아이들의 마음은 여전히 순수하고 아름답다는 걸 알 수 있습니다.

**Episode 4**

   던지고 놀았던 자리를 치우고 가는 모습이 예술인 아이들

문화월드컵 퍼포먼스는 세계의 문화를 모둠별로 이야기가 있는 퍼포먼스로 꾸며보면서 문화에 대하여 다양한 내용을 학습하는 수업입니다. 이 시간에는 공연을 위해 제작하는 소품들이 아주 기발한 게 많이 나오죠. 특히 목소리가 작거나 연기에 자신이 없는 학생들은 아이디어를 총동원하여 재미있는 소품을 만들어 모둠 활동에 기여도 하고, 칭찬과 박수를 받으면서 연극 활동에 참여하는 즐거움을 맛보게 됩니다.

   스페인의 토마토 축제 장면을 연출하기 위해 빨간색 종이를 뭉쳐서 반 전체 학생들에게 나누어주고, 극중 인물의 신호가 들리면 일제히 던지게 한 학급이 있었습니다. 얼마나 신나게 토마토(종이)를 던지며 노는지, 정말 터지지 않는 토마토지만 그 즐거움은 실제를 방불케 했습니다. 그런데 더 중요한 장면은 수업이 끝난 다음에 일어났어요. 아이들이 자기들이 던진 종이 토마토를 다 치우고 가는 거였습니다. 민주시민이 따로 있는 게 아니었습니다. 함께 사용하는 교과교실을 깨끗하게 정리하고 가는 모습을 보니 흐뭇한 미소가 절로 떠올랐던 기억이 납니다.

**Episode 5**

우리가 진행하는 '제의'는 너무 재밌어요!

방학 중에 '독서캠프'에서 연극을 하기로 하였습니다. 첫날엔 간단하게 마련한 간식을 놓고 제의를 지내도록 하는데, 학생들이 직접 제문을 만들어서 각오를 다지고 절도 하면서 뭔가 숙연한 분위기의 행사를 했습니다. 학생들은 은근히 이런 제의를 좋아하는데 생활 속 '통과의례'처럼 방학 중 캠프 시작을 이렇게 해보니, 캠프 기간 내내 아주 성실하게 준비도 잘하고 자못 성숙한 모습을 보여주었습니다. 일상의 공간이지만 '놀이의 공간'으로 바뀌는 순간을 이렇게 마련해 보는 것도 좋겠지요?

# 밀양 송전탑 건설 찬반 토론 수업

# 찬성팀 대본

## 등장인물

MC : 임승민

주민 1 : 김지명

주민 2 : 채승헌

주민 3 : 이서현

경찰 1 : 김상윤

경찰 2 : 윤광웅

환경운동가 : 박준호

다른 지역 주민 : 유창범

한전 관계자 : 백선욱

국제기구 대표 : 고연주

국회의원 : 김은선

원자력발전소장 : 양진영

## 대본

### #1

(MC가 약간 미소를 지으며 등장.)

MC : 우리는 살면서 많은 진실들을 마주하게 됩니다. 하지만 여러분이 알고 있던 진실이 거짓으로 밝혀진다면 여러분은 어쩌시겠습니까? 이러한 불편한 진실들은 일상생활에서 쉽게 찾아볼 수 있는데요. 밀양 송전탑에 관한 불편한 진실! 함께 보시죠.

(MC 퇴장.)


#2

(주민 1, 2, 3 등장. 주민 2, 3은 동네 의자에 앉아서 쉬고 있는데 주민 1이 지팡이를 절뚝거리며 놀란 표정으로 헐레벌떡 달려온다.)

**주민 1** : (깜짝 놀란 표정으로 숨을 고르며) 자네들 소식 들었나? 우리 마을에 송전탑을 세운다는데, 글쎄 그게…….

**주민 2** : (한숨을 쉬며, 절망한 듯이) 이미 다 알고 있다네. 그 망할 정부가 뭔 수작을 부리는 건지, 원. 참 요즘 세상 돌아가는 게 이 꼴이니 어디 더 살 수 있겠나.

**주민 3** : (결심한 듯이, 일어나면서) 지금 이러고 있을 때가 아니지. 공사 현장으로 가세. 어디 그 나쁜 놈들이 무슨 짓거리를 하고 있는지 좀 보자고. 우리가 늙었다고 무시하는 꼴, 더 이상 못 보겠네.

**주민 1** : (일어나면서) 그래. 같이 가보자고.

**주민 2** : 진정하게. 몸도 안 좋은데 가봤자 뭐가 달라진다고. 혈압 올라서 또 실려 가고 싶어? 그냥 보고 있자고.

**주민 1, 3** : 뭐? 이걸 보고 있자고? 자네 아들은 어떡할 셈인가? 자네 부인은?

**주민 2** : 하긴…… 우리 가족들을 생각하면…….

**주민 1, 3** : 자네도 같이 가자고.

주민 2 : 그래 나도 같이 가지.

(주민 1, 2, 3 허리를 두드리며 퇴장.)


#3

(공사 현장. 주민 1, 2는 비닐을 한 장 깔아놓고 매우 화난 표정으로 달려든다. 경
    찰은 묵묵히 방패를 앞에 든 채 달려드는 주민을 막는다.)

주민1, 2 : 한전은 물러가라!

주민1 : 대책 없는 한전은 물러가라!

주민2 : 한전은 물러가라! 왜 우리가 피해자야? 우리는 사람도
    아니야? 당장 다른 곳으로 옮겨라!

주민1, 2 : 물러가라! 물러가라!

경찰 : (방패로 막으며) 여러분 모두 물러가주세요! 안 그러시면 공
    무집행방해죄로 끌려가십니다.

주민1 : 어디 한 번 끌고 가봐. 우리 집이랑 논밭 지키려는 게 그
    렇게 잘못됐어? 무슨 정부가 이 모양이야? 당신 집 앞마
    당에다가 설치하시지 그래!

주민2 : 이제 나라가 아주 무너지게 생겼구먼. 당장 물러가라!

환경운동가 : 자연 파괴 한전은 물러가라! 이 송전탑이 얼마나
    많이 생태계를 파괴하는지 아느냐? 한전은 물러가라! 비
    인간적인 한전은 당장 물러가라!

(계속 시위를 벌인다. 그때 한구석에서 주민 3이 트랙터를 몰고 나타난다.)

주민3 : (트랙터를 경찰 쪽으로 몰며) 한전은 물러가라! 우리 마을에
    송전탑을 세울 수는 없다!

**경찰** : 이러시면 안 된다니까요. 다 합의가 된 것 아닙니까? 그리고 트랙터로 위협하시면 구속하겠습니다.

**주민 3** : (더욱 빠르게 가며) 우리는 합의한 적 없어! 어디 한번 구속해봐. 그까짓 감옥이 무서울 줄 알고? (경찰을 들이받으려 한다.)

**주민 2** : 이봐 영감! 이 풋내기 경찰이랑 실랑이 관두고 어디 그 잘난 한전 사람 좀 만나보세. (경찰을 보며) 어이! 당신 대장이 누구야? 데리고 와!

**경찰** : (무전기에다 대고) 경찰청장님, 주민들이 협상을 요구합니다.


#4

(한전 관계자, 다른 지역 주민 등장)

**한전 관계자** : 주민 여러분, 다들 진정하세요. 송전탑을 설치하면 전력난을 극복할 수 있을 것입니다.

(주민들이 욕을 하고 침을 뱉는 등 화난 표정을 짓는다.)

**주민 3** : (매우 화난 표정으로, 트랙터 시동을 다시 켜며) 웃기는 소리 하지 마.

**한전 관계자** : 지금 다른 지역들은 다 합의된 상태입니다. 여기만 연결을 하지 않으면 원자력발전소의 전기를 기업들과 도시에 공급하지 못한다고요.

(주민들이 몸으로 달려든다. 한전 관계자는 경찰 뒤에 서서 언짢다는 표정을 짓는다.)

**다른 지역 주민** : 듣고 보니 참 이기적이네요. 지금 우리나라에 당신들만 살아요? 지금 당신들 때문에 수만 명이 피해를 본다고요. 좀 생각 좀 해봐요! 우리 마을도 그걸 다 감수하고 설치했어요!

주민 3 : (기가 막힌 듯이) 허, 참. 이제 우리가 늙었다고 무시하는 거

요? 좀 끼어들지 마시고 다른 데다 설치하면 될 거 아니오?

주민 1, 2 : (같이) 옳소! 물러가라! 물러가라!

한전 관계자 : 저희는 좌우 3미터로 연 680만 원을 지급할 것이고

주민들에게 미치는 전자파의 영향이 국제 허용 범위를

넘지 않기 때문에 여러분이 반대할 이유는 없습니다. 그

리고 낮은 선 10개를 복합적으로 설치하는 것보다는 높

은 선 하나로 통일하는 게 더 안전한 최선의 방법입니다.

주민 1 : 최선의 방법은 설치를 안 하는 거지! 그럼 세우지 마!

국회의원 : 이미 지은 송전 철탑은 어떡하란 말씀이십니까?

국제기구 대표 : 여러분 진정하세요. 저는 국제기구에서 나온 대

표입니다. 한국의 전자파 허용 범위는 833mG입니다. 그

리고 전자파는 암 발병과 관련이 없습니다.

주민 3 : 알아듣지도 못하는 말도 안 되는 소리 마라. 당장 물러

가라! 한전은 물러가라!

주민 2 : (비닐을 펴고 그곳에 누우며) 내 논, 내 가족, 내 재산 모두 죽이

려고? 그렇게는 못한다! 물러갈 때까지 우리는 여기 있을

거다!

국회의원 : 이렇게 무력으로 나오시면 세금도 세금대로 들어가

고 사설경호업체까지 들이면 일이 커지니 마을 평판이

안 좋아질 겁니다.

주민 2 : 이미 알려질 대로 알려졌어! 다른 데에 세워, 사람 없는

쪽으로 돌아서!

**원자력발전소장** : 우회선로는 정전의 위험이 커지므로 그렇게 되면 밀양에 있는 산업단지에 막대한 피해를 줄 겁니다. 그리고 전자파도 더 심해질 겁니다.

(계속 웅성거린다.)

(MC가 등장한다. 다른 사람들은 모두 퇴장.)

**MC** : 자신이 불리하다며 무력으로 대항하려는 주민들. 다수의 이익을 위해 송전탑을 설치하지만 그만큼 보상을 해주려는 한전. 이 사이의 불편한 진실. 우리 모두의 이익이 더 중요하지 않을까요?

(MC외 모두 퇴장.)

이제부터 전문가들의 의견을 들어보겠습니다. 먼저 한전 관계자의 의견을 들어보겠습니다.

(한전 관계자 등장.)

**한전 관계자** : 저희 한국전력공사는 2000년부터 '신고리 원전'의 전력을 영남지역에 공급하기 위해 울주, 기장, 양산, 밀양, 창녕 다섯 지역에 90킬로미터에 달하는 송전탑을 건설하려는 계획을 세웠습니다. 그 중 네 곳은 벌써 송전선로공사를 합의하고 공사를 완료한 상태입니다. 밀양에도 벌써 1개 면은 공사를 완료하였고 30개 마을 중 열여덟 곳의 마을은 찬성을 한 상태입니다. 또한 직선으로 가야 하는 특성이 있는 송전선로가 최대한 산으로 가도록 충분한 심사가 이루어졌습니다. 만약 우회를 하게 되면 또 다른 마을 사람들이 피해를 보게 되고 그 외 전력수급

이 늦어지며 한전뿐만이 아닌 많은 국민들이 막대한 손해를 입게 됩니다. 우회송전은 대규모 정전사태를 일으킬 수 있습니다. 시뮬레이션 결과 평상시에는 송전이 가능하나 고장이 날 경우에는 여러 대의 발전기를 정지시켜야 하므로 해당 지역에는 정전이 발생합니다. 송전선로 주변지역에서 암환자가 발생하고 피해가 생겼다는 일부 전자계 괴담은 근거가 없는 주장에 불과합니다. 실제로 세계보건기구$^{WHO}$에서도 송전선로 전자계가 우리 몸에 영향을 미치지 않는다는 연구 결과를 발표한 적이 있습니다. 그 예로 한전 직원들은 송전탑 주변에 사택을 짓고 사는데도 전자계로 영향을 받은 사례가 없습니다. 또한 이 밀양 지역에 언제까지 힘을 쓸 시간이 없습니다. 그러므로 한국전력공사는 밀양 송전탑 건설을 계획대로 실행할 계획입니다. 이상입니다.

(한전 관계자 퇴장.)

MC : 다음은 국제기구 대표의 말씀을 들어보도록 하겠습니다.

국제기구 대표 : 세계보건기구를 포함한 여덟 개 국제기구에서 765킬로볼트$^{kV}$ 송전선로의 전자파가 인체에 미치는 영향을 12년 동안 합동 연구한 결과 암 발병에 전자계가 직접적 영향을 주는 요인이라고 확증할 수 없다는 결론을 내렸습니다. 또한 소아암과는 관련이 없다고 밝혔습니다. 요즘 밀양에 건설하는 765킬로볼트 송전탑이 지역주민의 건강에 미치는 영향을 놓고 논란이 많습니다. 하지만

밀양 송전탑 건설은 지역주민의 건강에 악영향을 미치지 않습니다. 사실 80미터 이내의 사람들은 미세한 영향을 받기는 하지만 그곳에 거주하는 사람은 한 가구밖에 없습니다. 한국의 전자파 기준은 833mG인데 송전탑은 기준치 833mG보다 낮은 전자파가 발생합니다. 실제로 여기에서 나오는 전자파는 진공청소기나 전자레인지를 사용할 때 발생하는 수치와 비슷합니다. 밀양에 건설될 송전탑은 765킬로볼트 규모로 또한 일부 송전탑이 마을을 관통할 예정이지만 피해는 적거나 없을 것으로 예측됩니다.

(국제기구 대표 퇴장.)

MC : 네. 그럼 이번에는 원자력발전소장의 의견을 들어보겠습니다.

(원자력발전소장 등장.)

**원자력발전소장** : 안녕하십니까? 한국수력원자력 고리 원자력본부의 원자력발전소장입니다. 밀양 송전탑의 건설은 필연적입니다. 이 사업은 2000년 1월 5일 제5차 장기전력수급계획이 확정된 이후 꾸준히 건설된 신고리 3호기에서 생산된 전기 에너지를 수도권과 각 지방에 보내는 것입니다. 신고리 3호기는 이미 각종 시험을 거쳐 내년 8월에 준공될 것입니다. 전력 생산량을 보자면 2012년 말 기준 우리나라에 있는 전체 발전기의 총 용량은 81,806메가와트 MW인데 신고리 3호기는 1,400메가와트로 예상됩니다. 이것은 전체의 1.7퍼센트밖에 되지 않지만 여름과 겨울

철에 전력수요가 급증하는 기간에는 예비전력이 5,000 메가와트 미만으로 내려가는 경우가 많아 신고리 3호기의 용량과 규모는 안정적인 전력 공급을 가능하게 하는 절대적인 발전량입니다. 만약 밀양 송전탑 건설을 중단하게 되면 수도권에 전력 공급이 원활히 되지 않아 많은 손해를 입을 것입니다. 따라서 밀양 송전탑 건설을 중단하면 안 됩니다.

(원자력발전소장 퇴장.)

MC : 예, 마지막으로 국회의원의 소견을 들어보겠습니다.

(국회의원 등장.)

국회의원 : 대한민국에게 전력 공급의 중요성은 이루 말할 수 없습니다. 전력난은 더 심해지는 상황에서 전력 공급 차질로 생산이 중단되면 우리는 어떻게 살 것입니까? 지금 우리가 켜고 있는 이 전등도 다 전기를 이용하고 있는데 여기서 전기가 끊긴다면 어떡하시겠습니까? 송전선로는 누구나 싫어하는 혐오시설에 속하지만 반드시 어딘가에는 세워져야 하는 시설입니다. 국토가 비좁다보니 사람 안 사는 곳이 없습니다. 그런데 이 전기가 어디에 사용되는지 아십니까? 바로 그 지역에 사용됩니다. 낮은 전압으로 열 개 송전선로 라인을 지을 것을 한 개로 짓는 것이 주민피해를 최소화하는 최선이었을 뿐더러 주민들이 요구하는 지중화 기술을 사용하려면 2조 7,000억 원의 예산이 발생합니다. 피해 보는 사람마다 자기가 손해 보는 시

설이라고 건설을 막는다면 국가는 버틸 수 없게 됩니다. 서로서로 조금씩 양보하여 해결해야지 설치되길 바라지 않는 것은 이기주의 아닙니까? 밀양에서 나오는 쓰레기는 어디에 묻힐까요? 밀양에서 사용되는 모든 것도 다른 사람들의 배려와 허용에서 나오는 것입니다. 그래서 밀양 주민들도 다른 국민을 위해 더 이상 반대하는 일은 없었으면 합니다.

(국회의원 퇴장.)

MC : 네. 전문가들의 의견 잘 들었습니다. 밀양 송전탑에 관한 불편한 진실! 결론은 딱 하나. 송전탑을 설치하는 것입니다. 감사합니다.


-END-

# 반대팀 대본

## 등장인물

**아들** : 안형근

**어머니** : 이예은

**할머니** : 최선민

**할아버지** : 한광성

**아줌마** : 이유나

**의사** : 윤다희

**오성** : 김선우

**한음** : 최민준

**노인** : 김영민

**고3** : 강현지

**경찰** : 오수빈

**야당** : 김보미

**반핵단체 여자** : 박지은

**반핵단체 남자** : 차은광

**기자** : 이윤호

## 대본

#1

해설 : 밀양 송전탑 사건은 대한민국 경상남도 밀양시에 건설

될 예정인 765킬로볼트의 고압 송전선 및 송전탑의 위치 문제를 두고, 밀양 시민과 한국전력 사이에 벌어지고 있는 일련의 분쟁을 통틀어 일컫는 말입니다. 송전선은 완공 이후 울산 신고리 원자력발전소 3호기에서 생산한 전력을 창녕군의 북경남 발전소로 수송하는 역할을 맡게 될 것입니다. 하지만 이 건설 계획은 전력 수급 문제를 해결하기 위한 불가피한 건설이라는 입장과, 그로 인하여 침해 받는 지역 주민의 권리 역시 중요하게 생각되어야 한다는 두 입장 사이에 있어 지역 주민들과의 마찰로 공사가 중단되었다가 재개되었다를 반복하고 있습니다. 쾌적한 삶은 국민이 최소한으로 누릴 수 있는 기본권에 속합니다. 지역주민들이 개발 사업을 무턱대고 반대만 하는 것은 아닙니다. 그들은 환경파괴의 최소화를 위해 송전선의 지중화를 원하지만, 받아들여지지 않고 있습니다. 저희 조는 위와 같은 밀양 송전탑 사태에 반대하는 의견을 이번 연극에 담았습니다.

#2

아들 : 어머니, 이제 그만 좀 하세요! 밀양 주민들도 벌써 반 이상이 송전탑을 짓는 것에 찬성했다고요!

어머니 : 아니다. 나는 그렇게 못한다. 내가 이 지역에 산 지가 벌써 몇십 년인데, 이 지역에 와본 적도 없는 젊은 것들이 여기에 뭘 짓네, 우릴 내쫓겠네, 하는지 난 이해도 못하겠고

들어줄 생각도 없다. 네가 아무리 뭐라 한들 내 생각에는 변함없다. 가라, 가!

아들 : 대체 왜 그러시는 거예요? 저희가 이러고 있다고 득 되는 거 하나 없다고요. 보상금도 주고 다 해준다는데 뭐가 그렇게 불만이신 건데요!

어머니 : 우리가 보상을 받는다고 공사가 다 된 땅이 돌아오는 건 아니잖니. 우리는 그저 우리가 쭉 살아온 이 땅 그대로 후손들에게 물려주고 싶은 거란다.

아들 : 하지만 언제까지고 이런 싸움을 계속할 수도 없는 거잖아요. 다른 사람들도 아닌 정부와 야당이 여기에 송전탑을 세우길 바라는 거라고요!

어머니 : 그렇지, 그래서 우리가 이렇게 목숨 걸고 시위하는 거지.

아들 : 전 모두 다 이해가 가지 않아요. 우리가 왜 계속 싸워야 하는 건지 모르겠다고요.

(아들 나감.)


#3

아들 : 에휴, 이 마을에 송전탑 하나 짓는다고 무슨 큰일이라도 일어나나? 하여간 늙은이들은 너무 보수적이라 문제야 문제!

(걸어가다가 갑자기 쓰러짐.)

(지나가는 할머니가 발견함.)

할머니 : 아이고 요놈의 송전탑들 때문인지 눈이 침침한 게 잘
안 보이네…… ? 저게 뭐시여? 아니! 우리 4대 독자 ○○
이 아니여!? 이게 먼일이래 대체! 병원, 병원!

#4

(병실 안.)

어머니 : 어머님, 이게 대체 무슨 일이래요!? 저희 ○○이가 대체
왜…….

할머니 : 무슨 일이긴 무슨 일이여! 이게 다 그놈의 송전탑 때문
이지. 글쎄 요놈이 송전탑 앞에 떡하니 대자로 뻗어 있었
다, 이말 아니여.

할아버지 : 에이, 더 이상은 못 참겠네 그려. 이러다가 우리 마을
사람들 다 죽어나가면 어떻게 할 거여!

할머니 : 그러기 전에 우리가 싹을 뽑아 버려야지 암, 그렇고말고!

할아버지 : 요즘 옆집 김씨도 그렇고 아랫집 이씨도 그렇고 송전탑
때문에 머리도 아프고 불면증도 생겼다고 난리도 아니여.

의사 : 네, 요즘 들어 송전탑 때문인지 원인 모를 환자들이 점점
늘고 있어서 저희들도 걱정이 이만저만이 아닙니다.

할머니 : 의사 양반! 우리 ○○이 어디가 안 좋은 거여?

의사 : 저희도 이런 말씀 드리기 껄끄럽지만…… 죄송합니다.
백혈병입니다.

어머니 : 네!?

할머니 : 뭐시여?!

의사 : 원인은 아직 잘 모르겠으나 송전탑에서 나오는 전자파

때문일 가능성이 큽니다.

할머니 : 그래, 그놈의 송전탑!

할아버지 : 우리가 지금 여기서 이러고 있을 때가 아니지 않나!

할머니 : 당장 가서 공사 그만두라고 뭘 하든 해야지!

어머니 : 제발 저희 ○○이 더 이상 힘들지 않게 이 싸움 이겨주세
요.


#5

(병원 앞 공원.)

오성 : 한음아.

한음 : 오성아.

오성 : 요즘 우리 마을에 송전탑 세운다고 다들 난리도 아니잖
아. 넌 어떻게 생각하니?

노인 : 뭐시여? 송편탐? 송편이 탄다고?

한음 : 오성아 나 요즘 스트레스를 너무 많이 받는 것 같아.

오성 : 왜? 무슨 일 있어?

한음 : 송전탑! 우리 마을의 아름다운 풍경을 저 송전탑들이
망치고 있어. 아침마다 커피 한 잔의 여유가 내 삶의 유일
한 낙인데!

오성 : 한음아 그건 별거 아니야. 난 말야……. (모자를 벗으니 머리
가 원형탈모.)

할머니 : 아이고 청년들 시끄러워! 나는 요즘 관절염 때문에 힘
들어 죽겠단 말이여!

고3 : 아 진짜 저 고3 이거든요? 수능 공부 중인데 송전탑이 자꾸 윙윙거려서 안 그래도 짜증나 죽겠는데 떠들지 좀 마세요!

할머니 : 우리 마을에 송전탑 생겨서 경치도 안 좋고~ 농산물에 해될까 두려워 농사도 안 되고~.

고3 : 아 진짜 저놈의 송전탑 좀 작작 윙윙대라고!

노인 : 뭐여? 윙윙 벌? 벌꿀이 먹고 싶어?

고3 : 저 할아버지는 또 뭐래, 짜증나게!

한음 : 짜증은 내가 더 나거든!

할머니 : 아이고오, 무릎이야!

오성 : 내 머리 돌려줘 송전탑아아아아!


#6

(송전탑 공사현장 앞.)

경찰 : 여러분 비키세요. 다칩니다!

할아버지 : 느그들이 머라카든 우린 절~대로 안 비킬 테니 맘대로 카라!

경찰 : 아 거참 우리도 집에 좀 갑시다.

할아버지 : 느그들 집 소중한 건 알면서 남의 집 소중한 건 모르나?

경찰 : 할아버지, 사실 저희도 잘 몰라요. 그냥 하라니까 하는 거지. 할아버지들도 그냥 힘 빼지 마시고 보상 받고 편히 사세요.

할아버지 : 얼마 전 이 일 때문에 분신자살한 이씨 일도 솔직히 미안하지도 않지?

야당 : 그건 미안해요. 미안한 건데…….

할아버지 : 미안해? 미안하다는 사람들 태도가 그 따위인가? 진심으로 미안하다면 이제 그만할 때도 되지 않았나? 그놈의 야당인가 뭐시기인가, 하는 놈들이 와서 미안하다는 식으로 말하면서 비꼴 때부터 알아봤어 내가!

야당 : 미안한 건 미안한 거고 진행해야 하는 건 진행해야죠. 공과 사는 구분하셔야죠.

할아버지 : 우리에게 공은 우리 마을과 우리 마을 사람들이고 사는 너희들이야.

야당 : 너무 이기적이시네요. 애초에 그 아저씨가 분신자살 하신 게 꼭 저희 탓만도 아닌데 왜 자꾸 이러시냐고요. 그리고 정부에서도 이 송전탑 설치가 꼭 필요하니까 계속 협상하려고 하는 거라고요.

할아버지 : 이 공사 때문에 우리 4대 독자가 백혈병으로 몸져누웠어!

야당 : 그게 송전탑 때문이라는 증거 있습니까?

할아버지 : 그것 때문에 앓아누운 사람들이 증거고 증인이지!

야당 : 그걸로는 증거가 안 되죠.

할아버지 : 그것뿐만이 아니여! 우리 마을 여기저기에서 송전탑 때문에 아프다는 사람들이 한둘이 아니란 말이여!

야당 : 여기서 아프신 분 계신가요?

할아버지 : 어! 거기 박노인! 여기 좀 와보쇼. 저 노인이 원래 귀가 엄청 밝아서 못 듣는 소리가 없었단 말이여!

야당 : 그래서요, 뭐요?

할아버지 : 뭐긴 뭐야, 지금은 옆에서 소리를 질러도 제대로 못 알아듣는다고!

야당 : 아, 그러세요?

노인 : 뭐여…… 뭐가 들리는 거 같단 말여…….

야당 : 할아버지 소리 안 들리세요?

노인 : …….

할아버지 : 이제 어쩔거여! 송전탑이 우리 몸에 해를 끼치는 게 확실한데 어떡할거여!

야당 : 보청기 끼시고 건강 안 좋으시면 비타민 챙겨드세요.

할아버지 : 그럴 돈이 어딨어!

야당 : 아 진짜 저희가 보상금 드린다고요.

할머니 : 보상금을 주면 뭐혀! 벌써 우리 손자가 몸져누웠는디.

야당 : 그게 저 송전탑 때문인 게 확실하냐고요.

어머니 : 전에 송전탑이 백혈병 발병률을 높힌다는 연구결과가 나왔어요.

경찰 : 병이 두려우시면 이사를 가시든가요.

할머니 : 우린 태어나면서 지금까지 쭉 여기서 살았어. 그니께 이사 갈 마음 같은 건 추호도 없단 말여!

야당 : 4대독잔지 누군지는 백혈병에 걸렸다면서요.

할머니 : 그려! 우리 손자! 이제 막 중학생이 된 우리 손자는 어떡할거여.

야당 : 백혈병 뭐 불치병도 아니잖아요?

어머니 : 불치병이 아니어서 치료가 된다고 해도 후유증에 시달
　　　릴 수 있고 한번 잃어버린 건강이 다시 돌아오는 것도 아
　　　닌데…….

할아버지 : 어이 젊은이 솔직히 생각해 보세. 여기가 만약 자네
　　　와 자네 자녀들이 사는 동네라면 자네는 이런 위험이 도
　　　사리고 있는 마을에서 마음 편히 살 수 있겠나?

경찰 : 전 그냥 보상금 받고 편히 살래요.

할아버지 : 우리 마을에서 일어나는 여러 문제들을 보고도 그리
　　　고 백혈병에 걸린 아들이 있는 엄마와 할머니의 모습을
　　　보고도 그렇게 생각하나?

야당 : 쳇, 자, 시간도 늦었는데 오늘은 그만 하시죠.

경찰 : 그래요. 일단 물러나고 내일 다시 옵시다.


#7

(병원 안.)

할머니 : 아이구, 네가 고생이 많네, 많아.

어머니 : 아니에요, 괜찮아요.

아줌마 : 애가 많이 아파요?

어머니 : 아 조금요…… 좋아지겠죠 뭐.

할머니 : 에휴, 건강이 최고의 축복이라는디. 이렇게 누워 있으
　　　니께 마음이 참 무겁구먼.

아줌마 : 그러게요. 얼른 다시 건강해져야 되는데 말이에요. 아
　　　근데 아까 야당 놈들이 하는 말 들으셨죠? 보상금을 줄

테니깐 나가라잖아요. 아무리 보상금을 주고 혜택도 주고 한다 한들 우리가 지금껏 살아온 추억이 가득한 곳을 쉽게 떠날 수가 있겠느냔 말이에요. 남들은 우리 사정 몰라서 이기적이라고 할 수도 있겠지만 저희 입장에선 우리를 고향에서 내쫓으려하는 그들이 더 이기적인 거라고요.

아들 : 으, 으윽 엄마…… 엄마…….

어머니 : ○○아? ○○아? 엄마 말 들리니?

할머니 : 아이고 내 새끼 괜찮냐?

의사 : ○○ 학생, 일어났어요?

어머니 : 저희 ○○이 괜찮은 거 맞죠?

의사 : 음, 정확한 병명은 급성림프구성 백혈병이고요. 백혈병 쪽에선 꽤 심한 병이라고 할 수 있습니다.

할머니 : ○○아! 아이고 어떡하노 우리 ○○이!

아들 : 엄마, 할머니, 저 괜찮아요.

할머니 : 내가 목숨을 바쳐서라도 우리 마을에 송전탑 짓는 것을 막을 거여!

아들 : 저 괜찮아요. 막 어디가 엄청 아픈 것도 아니고 그냥 지금은 편안해요. 근데 그래도, 송전탑은 여기에 안 세워졌으면 좋겠네요. 저 말고도 아픈 사람이 더 생기면 안 되니까요. 처음에는 송전탑 그깟 거 좀 세우면 뭐가 어떠냐는 식으로 찬성했는데 그게 아닌가 봐요. 저, 이 마을에 계속 살고 싶은데, 백혈병도 다 나아서 친구들이랑 고구마도 캐먹고, 감도 따먹으면서 놀고 싶은데…… 그럴 수 있

을까요?

어머니 : 당연하지! 우리 ○○이는 강하니까…….


#8

(시위하는 움막 안.)

할아버지 : 아이고, 귀야. 귀가 찢어질라 하네.

아줌마 : 왜 그러세요?

할아버지 : 송전탑이 여간 시끄러운 게 아니구먼.

할머니 : 가만히 있어도 자꾸 윙윙거리니 여간 신경 쓰이는 게
아니여.

할아버지 : 난 이 소리 때문에 불면증도 생겼다, 이거 아니여. 그
리고 이 소음이 지속적으로 들리다 보니 가끔씩은 이명
도 느껴진당께.

할머니 : 에휴, 아주 피곤해서 못 살겠네.

반핵단체 남자, 여자 : 안녕하세요. 죄송해요. 늦게 와서.

할머니 : 아녀, 아녀, 이리 와서 좀 앉어.

반여 : 저기…… 오자마자 이런 말씀 먼저 드리긴 좀 그렇지만
전에 송전탑건설지역주민지원을위한법률안이 국회를
통과했다고 하더라고요. 제 생각에 그 법률안은 공사강
행에 명분을 주는 거 같아요.

할아버지 : 그럼 안 되는 거 아녀?

반핵단체 여자 : 안 되죠. 이 마을 주인이 따로 있는데.

반핵단체 남자 : 저희가 기자를 부르면 승산이 생길 수도 있어요!

반핵단체 여자 : 기자를 불러서 우리랑 저쪽이 맞붙는 거, 사진도 찍고 기사도 쓰고 해서 우리나라 국민들을 우리 편으로 만들자고요!

할머니 : 그럼 우리가 이길 수 있나?

반핵단체 여자 : 이기는 걸 장담할 수는 없어도 승산은 분명히 생길 거예요!

어머니 : 여론몰이 같은 건가요?

반핵단체 남자 : 네, 맞아요. 저희가 우리에게 지금 일어나는 일을 상세히 기사로 내보낸다면 분명히 많은 사람들이 저희의 편에 서주고 저희를 지지해 줄거예요.

할머니 : 지금 말여, 우리 손자가 지금 백혈병에 걸렸어. 원래 잔병치레 하나 없이 건강하던 아이인데 갑자기…….

반핵단체 여자 : 아, 그런 이야기도 기자한테 나중에 따로 얘기하면 더 좋을 것 같네요.


#9

(이른 새벽 공사장.)

기자 : 안녕하세요?

어머니 : 아 오셨어요?

할머니 : 아이고 우리 기자 청년 왔네!

할아버지 : 미안혀. 힘들텐디.

기자 : 아니에요. 전 이게 일인데요, 뭘.

할머니 : 아니 잠만! 저게 뭐시여.

아줌마 : 저거 구덩이 파놓은 모양하며…… 위에 노끈까지 매

　　　　달아 놓은 모양이 꼭…….

반핵단체 남자 : 마치 자살하려는 공간과 무덤을 만들어 놓은 것

　　　　같아요.

반핵단체 여자 : 저건 분명 야당 놈들이 한 짓입니다. 분명해요!

반핵단체 남자 : 제 생각엔 저희를 무조건 누르고서라도 공사를

　　　　진행할 생각인가봐요.

경찰 : 아직도 여기서 이러고 계시는 겁니까?

할아버지 : 너네가 관두기 전엔 우리도 안 관둬!

할머니 : 맞어. 우린 절대 포기 안 혀.

경찰 : 저희도 포기 못합니다. 이번 달 안에 공사재개 할 겁니다.

할머니 : 아니 꼭 공사를 해야 되면 우리한테 설득이라도 좀 제

　　　　대로 시켜주던가!

할아버지 : 그려. 이유도 모르고 이렇게 물러날 우리가 아니지!

경찰 : 말씀 드렸잖아요. 우리나라 전력난 해결을 위해 짓는다고.

할아버지 : 우리 손자한테 물어보니 서울에다가 전기 보내려고

　　　　여기에 설치한다며? 그럴 거면 서울에다가 설치하던가.

　　　　왜 여기 와서 행패여 행패가!

경찰 : 할머니, 할아버지들 이러시는 것들도 다 님비현상 아닙

　　　　니까?

반핵단체 여자 : 당연한 거 아닙니까? 우리 마을에 떡 하니 몸에

　　　　유해한 걸 짓겠다는데 누가 좋다고 하겠습니까? 아마 그

　　　　누구라도 우리 마을은 절대 안 된다고 할걸요?

**경찰** : 아 그런 건 저희가 상관할 일 아니니깐 비키시라고요.

**할머니** : 난 못 비킨다. 아니 안 비킨다. 네놈들이 여기서 이러고 있는 사이에 우리 손자놈은 병실에서 혼자 끙끙 앓고 있을 터인디…… 할머니가 되어서 어떻게 그 꼴을 보고만 있노!

**할아버지** : 에잇! 네 이놈들!

(싸움.)


#10

(몇 개월 후.)

**어머니** : 어머님~ ○○이 왔어요. 많이 컸죠? 점점 몸이 좋아지고 있어요.

**아들** : 할머니! 나 이제 오래 걷진 못하지만, 잘 걸을 수 있어요. 여기는 전보다 더 시끄러워져서 옆집 살던 고3 누나는 공부해야 된다고 이사 갔대요.

**어머니** : 하하, 글쎄 우리 ○○이가 뭐라는 줄 아세요? 커서 자기는 우리나라에서 제일 멋진 의사가 되는 게 꿈이래요. 송전탑 때문에 자기처럼 아픈 사람들을 다 치료해 주겠다나 뭐라나…….

**아들** : 결국 송전탑은 세워지고 있지만 할머니가 지금까지 힘들게 시위한 거 잊지 않을게! 그리고 할머니 보러도 자주 올게.

**어머니** : 생전에 어머님이 경치 좋다고 자주 오시고 가장 좋아하셨던 곳이에요. 그런데 죄송해요. 여기까지 송전탑이

세워질 줄은……흑.

**아들** : …… 엄마 나 춥고 어지러워. 가자.

**어머니** : …… (할머니의 묘를 바라본다.)

-END-

**청소년 문화예술교육 03**

# 수업 중에 연극하자
**교육연극의 실제 사례 30가지**

초판 1쇄 2014년 8월 30일
초판 7쇄 2020년 7월 1일

지은이 구민정·권재원

**펴낸이** 김한청
**기획·편집** 원경은 이한경 박윤아 이건진 차언조
**마케팅** 최원준 최지애 설채린
**디자인** 이성아

**펴낸곳** 도서출판 다른
**출판등록** 2004년 9월 2일 제2013-000194호
**주소** 서울시 마포구 동교로27길 3-12 N빌딩 2층
**전화** 02-3143-6478 **팩스** 02-3143-6479 **이메일** khc15968@hanmail.net
**블로그** blog.naver.com/darun_pub **페이스북** /darunpublishers

ISBN 979-11-5633-028-8 43680

... 울기다 첫 그림을 색칠 수 있
도록 지도한다.
제작의 모든 과정을 각자 노
트에 정리하도록 지도한다.

## 드라마 활동의 사례

| 활동 제목 | 내용 | 비고 |
|---|---|---|
| = 이렇게 공부한 | 가장 좋은 학습방법의 선택 | *구성원 ㄴ*<br>*5개요*<br>A4 용지<br>□ □ □<br>□ ㅂ |
| 소 소개 | 이 곳의 특징<br>다른 지역으로 이전할 수 있도록 시험 자격 부여 | *음악 회다*<br>*히과 소름.* |
| 소에 무얼 하고 지 을까? | 4~5명이 한 조가 되어 평소에 이 구역 청소년들이 무얼 하고 지냈을지 정지장면으로 보여준다. | *이미지 사진*<br>*— 전겸*<br>*— 유토피아* |
| 래 | 반대를 설득하라 | *교사는*<br>TiR *누가될것*<br>*엄마 / 형* |
| 리두기 | 어떤 느낌이었나?<br>무엇을 연상하게 하는가? | talk & tal|
| 물에 대한 소개 | 신체의 일부가 아주 (혐오스러)운 모양으로 생긴 사람의 이야기 | *그림을 2개*<br>장갑 *신라의 부* |

| | | | |
|---|---|---|---|
| 7 | 드라마 속으로 | 이야기를 구성하고 따블로나 즉흥극으로 표현 | 덥었다고 그림ㅎ |
| 8 | 거리두기 | 어떤 느낌이었나? 즉흥극 중연들 말할수 있다. | 하고 나 |
| 9 | 드라마 속으로 / 즉흥극 돌까. | 초등 2학년 때 과연 무슨 일이 있었을까? 4명이 한 조가 되어 한 사람을 주인공으로 정하고 이야기를 나눈 뒤 즉흥극으로 표현 | 상상ㄹ drama 해보기 심화기 |
| 10 | 설정 — 학생들마 할게 서2건가능 | 2인 1조 -가위바위보 2인이 한 조가 되어 주인공을 정하고 상대역을 정한다. | 세 가지 질 (따로 준비) 상대역이 따로 러 |
| 11 | 드라마 속으로 | 시험의 결과가 나옴 가족에게 하소연하기 상대역은 누구일까? 어떤일날게르 드라마를 만들것인지 노정다가능. | 교사는 어떤 시간 TiR 대라 |
| 12 | 비판적 거리두기 | 어떤 느낌이었나? | 드라마가 진리에야 대리가능 시즌리유 |